Nur ein paar Stündchen

Nix wie raus, ganz schnell ins Grüne. Auch mit wenig Zeit lässt sich Großartiges erleben. Kleine und große Abenteuer warten direkt vor der Haustür.

4H

Raus für einen Tag

Man muss nicht das Land verlassen, um neue Welten zu entdecken. Einfach mal einen Tag lang raus aus dem Alltagsallerlei und rein in die Natur.

12H

Ferien für ein Wochenende

Warum auf die große Auszeit warten, wenn man einen Wochenendtrip in der Nähe machen kann? Vergnügen, Abenteuer und Wohlgefühl kompakt und intensiv.

36H

Abenteuer
ESKAPADEN
AUSZEIT
AUSGLEICH
Wochenende
LÄCHELN
STADT.LAND.
FLUSS.
FREE
LEICHTIG-
KEIT
ERLEBEN
GRÜN
kleine
Fluchten
Wege
Lebensfreude
NATUR
GLÜCK
von Yvonne Weik

ABSTECHER
AB SEITE 8

AUSFLÜGE
AB SEITE 94

MINIURLAUB
AB SEITE 180

LIEBE LESERIN, LIEBER LESER,

barfuß durch die Dreisam wandern. Den Münsterturm im Sonnenuntergang bewundern. Am Tuniberg auf Straußen-Tour gehen. Wer draußen unterwegs ist, entdeckt die eigene Stadt plötzlich mit neuen Augen.

Das Beste: Für diese kleinen Auszeiten braucht es weder viel Mut noch Geld! Es reicht schon, einfach loszugehen. Sich treiben lassen. Und zu staunen, wie schön die Welt da draußen ist.

Ob nach Feierabend oder am Wochenende: In und um Freiburg gibt es viele zauberhafte Orte. Ganz schnell ist der Kopf wieder frei und die Seele zufrieden. Tschüss Alltag – hallo Abenteuer!

Viele wunderbare Eskapaden in und um Freiburg wünscht Ihnen, dir und euch

Yvonne Weik

PS: Informationen zum GPX-Download gibt's auf Seite 224.

AUSZEIT.
ABENTEUER.
LEBENSFREUDE.

1. KAPITEL ABSTECHER

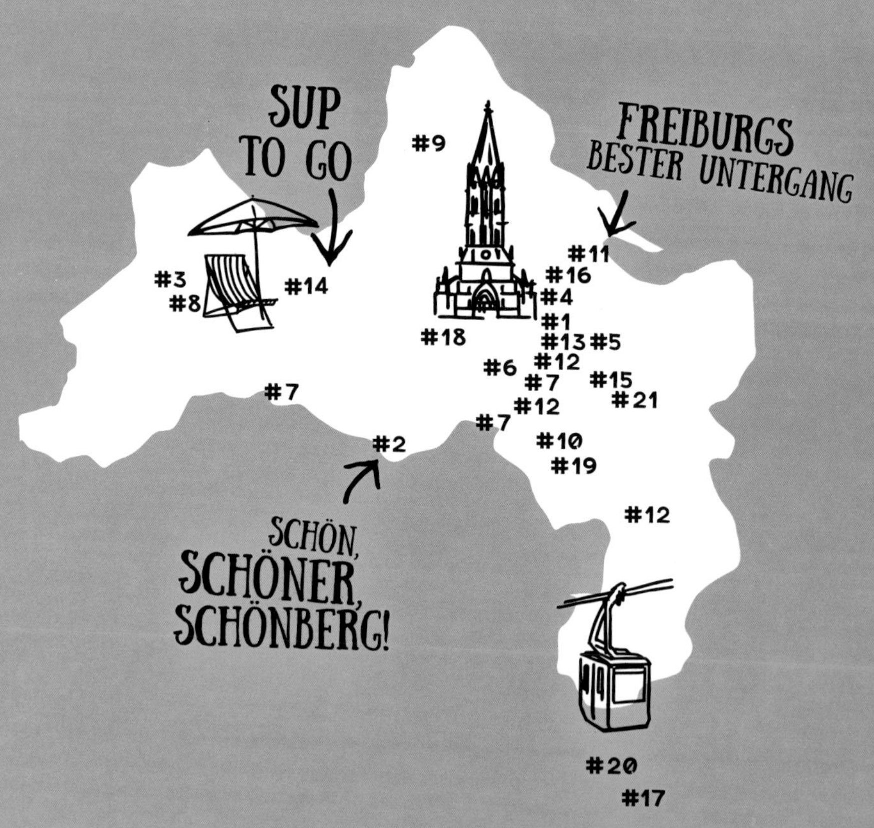

Nur ein paar Stündchen

4H

Barfuß durch den Wald streifen, im Kräutergarten tief durchatmen und vom Kybfelsen den Horizont sehen – die kleine Auszeit liegt gleich um die Ecke.

#1 ... auf dem Münsterturm Seite 10
#2 ... auf dem wilden Schönberg Seite 14
#3 ... am Tuniberg Seite 18
#4 ... auf dem Alten Friedhof Seite 22
#5 ... in der Dreisam Seite 26
#6 ... im Lorettobad Seite 30
#7 ... in den Wäldern Freiburgs Seite 34
#8 ... in Opfingen Seite 38
#9 ... in Landwasser Seite 42
#10 ... in Günterstal Seite 46
#11 ... an der Eichhalde Seite 50
#12 ... in Stadt und Wald Seite 54
#13 ... im Tibet-Kailash-Haus Seite 58
#14 ... am Opfinger See Seite 62
#15 ... zum Wasserschlössle Seite 66
#16 ... auf der Zähringer Burg Seite 70
#17 ... am Schauinsland Seite 74
#18 ... im Stadtwald Seite 78
#19 ... zum Kybfelsen Seite 82
#20 ... auf Freiburgs Hausberg Seite 86
#21 ... auf dem Waldsee Seite 90

DEM HIMMEL SO NAH

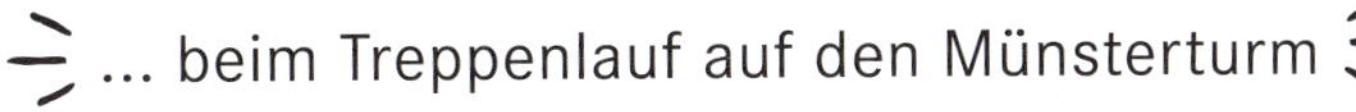

Wer aus der Stadt türmen will, hat in Freiburg eine einmalige Gelegenheit: 265 Stufen führen hinauf auf den schönsten Turm der Welt. Von der Plattform des Münsters sieht man tief hinab – und vor allem hoch hinauf. Dieser Turmblick ist atemberaubend. Versprochen!

#Himmelsstürmer #Freiluftmeditieren #Turmblick #Geschichteatmen

Hoch hinauf: Dieses Freiburger Fitnessprogramm macht richtig Spaß.

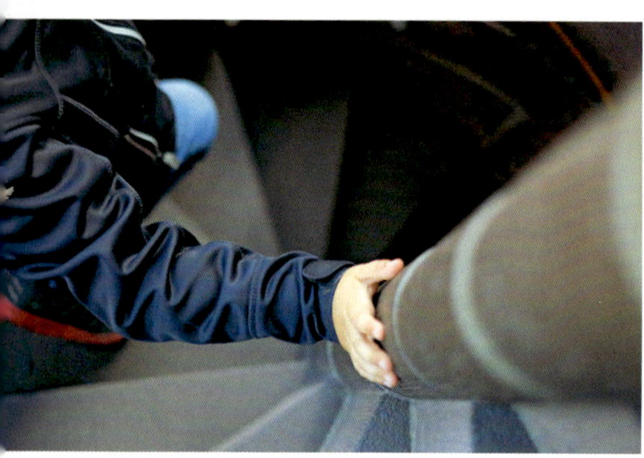

Das Fitnessprogramm beginnt zwischen bunten Marktständen, ganz unten auf dem Münsterplatz. Über die breite Steintreppe im Turm geht es Schritt für Schritt hinauf, bis in die gemütliche Türmerstube. Nach 209 Stufen schlägt das Herz hier schon deutlich schneller. Erst mal durchschnaufen, den Eintritt beim Türmer bezahlen und vielleicht noch eine Postkarte kaufen.

Und dann heißt es sich entscheiden, wie's weitergehen soll: Über die Holztreppe hoch zum Glockenturm mit den 18 Glocken? Unter- und nebeneinander hängen sie im hölzernen Dachstuhl, und wenn sie läuten, wird es ordentlich laut. Oder man nimmt direkt die enge Wendeltreppe Richtung Himmel. Über 56 Stufen geht es an der frischen Luft nach oben zur Aussichtsplattform. Der Wind pfeift einem um die Ohren, der Gegenverkehr drängt sich dicht vorbei – und der Blick nach unten, der lässt einen regelrecht erschaudern! Schon wenig später wird dieser Mut aber belohnt: Die Aussichtsplattform auf 55 Metern Höhe ist spektakulär.

Welch unglaubliches Bauwerk ist dieser Turm! 116 Meter hoch. Riesige Panoramafenster. Und dann die offene Spitze mit unzähligen Blumen und Sternen. Unglaublich, dass der empfindliche Sandsteinturm hier seit fast 700 Jahren steht. Dass er Regenschauer und Stürme überstanden hat – und vor allem auch den Bombenhagel im Zweiten Weltkrieg.

Anfang des 14. Jahrhunderts war der Münsterturm eines der drei höchsten Gebäude der Welt. Auch wenn viele Türme inzwischen höher sind – der Schönste ist er immer noch! Um das zu erkennen, muss man kein Kunsthistoriker sein: Einfach ganz oben auf der Aussichtsplattform auf den Rücken legen und meditieren …

Dieser eine Blick, hinauf in die filigranen Sandsteinblumen, dahinter der blaue Himmel. Das Herz wird plötzlich so leicht. Ein Lächeln liegt auf den Lippen. So, und zwar genau so fühlt sich Glück an!

Tief hinab: Auf 55 Metern gibt's einen tollen Blick auf den Münsterplatz.

FAZIT: HIMMELSTÜRMER SIND HIER IM SIEBTEN HIMMEL: DER BLICK HINAUF IN DEN MÜNSTERTURM GEHÖRT ZUM ALLERSCHÖNSTEN, WAS FREIBURG ZU BIETEN HAT.

Hin & weg: Immer dem Turm nach – in der Innenstadt ist der Münsterplatz von überall gut zu Fuß zu erreichen.

Beste Zeit: Der Münsterturm ist – außer montags – täglich geöffnet (www.freiburgermuenster.info). Besonders schön ist es vormittags, wenn die bunten Marktstände auf dem Münsterplatz stehen.

Dauer & Strecke: Je nach Lust und Laune. 265 Stufen. Wer Glück hat, kann die 335 Stufen bis zur Galerie hinaufsteigen, dem höchsten zugänglichen Punkt.

Ausrüstung: Etwas Puste mitnehmen und die Höhenangst unten lassen.

FAMOSER FEIER-ABEND

... auf dem wilden Schönberg

#2

Stressigen Tag gehabt? Dann nichts wie raus! Hier kommt die perfekte After-Work-Runde: zuerst auf dem wilden Naturpfad rund um den Schönberg, danach ins gemütliche Gasthaus Schönberghof. Entspannter kann der Feierabend kaum beginnen …

#Gipfelrunde #Freiburgblick #VespernunterBäumen #wilderWald

Was für ein Wald! Der wilde Schönberg verzaubert einfach jeden.

Schön ist er wirklich, der Schönberg. Und von Freiburg aus noch dazu so schön nah. Mit Auto oder Fahrrad ist man in 20 Minuten oben beim Parkplatz am Gasthaus Schönberghof. Hier startet der NatUrwaldpfad: Ab jetzt geht's immer den Schildern mit dem schwarzen Käfer nach.

Mitten durch den Wald führt der spannende Pfad hinauf Richtung Schönberg-Gipfel. Hier darf der Wald so sein, wie er will: wild! Baumstämme liegen quer, Steinbrocken auch, die Wanderschuhe quietschen im Matsch. Sobald der erste Anstieg geschafft ist, folgt schon eine Belohnung. In den Bäumen hängt ein großer Rahmen. Hier kann sich jeder sein eigenes Bild von Freiburg machen – mit dem Freiburger Münster, das im Hintergrund mitten aus dem Häusermeer herausragt. Wahnsinn, was für ein Stadtblick!

Hin & weg: Mit dem Auto über Ebringen oder Wittnau zum Parkplatz am Schönberghof (Unterer Schönberghof 1, Ebringen). Dort startet der Naturwaldpfad. Alternativ: Straßenbahn-Linie 3 bis Endhaltestelle Innsbrucker Straße in Vauban, dann zu Fuß auf ausgeschilderten Wegen Richtung Jesuitenschloss/Schönberghof (1 Std., 3,5 km).

Beste Zeit: Nach Feierabend!

Dauer & Strecke: 1,5 Std. und 4 km auf dem NatUrwaldpfad-Rundweg, danach ins Gasthaus Schönberghof (www.gasthaus-schoenberghof.de)

Ausrüstung: Wanderschuhe (der Pfad ist steil und kann bei Regen rutschig sein).

Hallo, Kuh! Auf dem Naturpfad kommt man den Vierbeinern ganz nahe.

Weiter geht's auf dem schmalen Naturpfad. Der Wald wird dichter. Kein Lärm, nur Vogelgezwitscher. Kein Mensch, nur Bäume. Über unseren Köpfen ein grünes Dach. Unter uns der lehmige Waldboden. Von einer Holzterrasse blickt man durch ein Fernrohr in den Wald. Wer wissen will, was er dort für Bäume sieht, liest einfach die Infotafeln, die einem hier das Waldleben erklären.

Schnell vergeht die Zeit. Etwas weiter auf dem Pfad und die Bäume werden weniger, das Licht heller, hinaus geht's auf eine Wiese. Hinten am Horizont liegt die Rheinebene im Abendlicht. Was für ein Ausblick! Jetzt vor lauter Glückseligkeit nur nicht die Abzweigung hinauf zum Schönberg-Gipfel verpassen! Der Umweg lohnt sich: Oben gibt's einen wunderschönen Blick hinunter ins Hexental und auf die Schwarzwaldgipfel.

FAZIT: FRISCHE LANDLUFT, WILDES WANDERN UND LECKERES ESSEN – DA STEHT EINEM ENTSPANNTEN FEIERABEND NICHTS MEHR IM WEGE.

Jetzt führt der Naturpfad zurück Richtung Schönberghof. Aber vor dem Abendessen wartet noch die Schneeburg darauf, erobert zu werden. Oben auf den Steinmauern weht einem der Abendwind um die Nase. Hier einfach sitzen und staunen, das ist das perfekte Feierabendprogramm! Und danach: Vesperzeit! Schnitzel mit Brägele oder Flammkuchen schmecken unter den großen Kastanienbäumen am Schönberghof gleich noch einmal doppelt so gut. Dazu noch ein hausgemachter Kuchen - lecker!

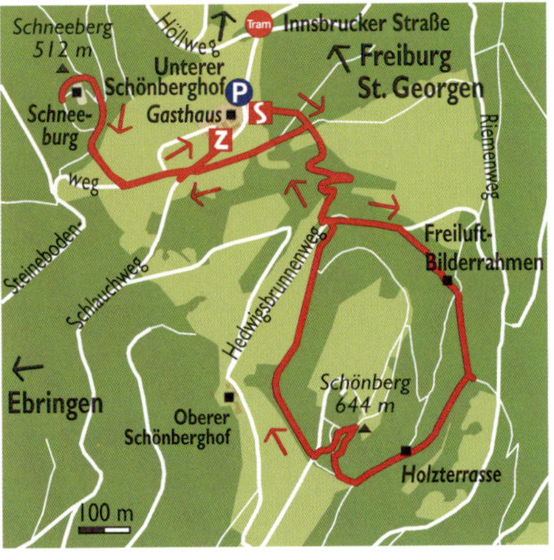

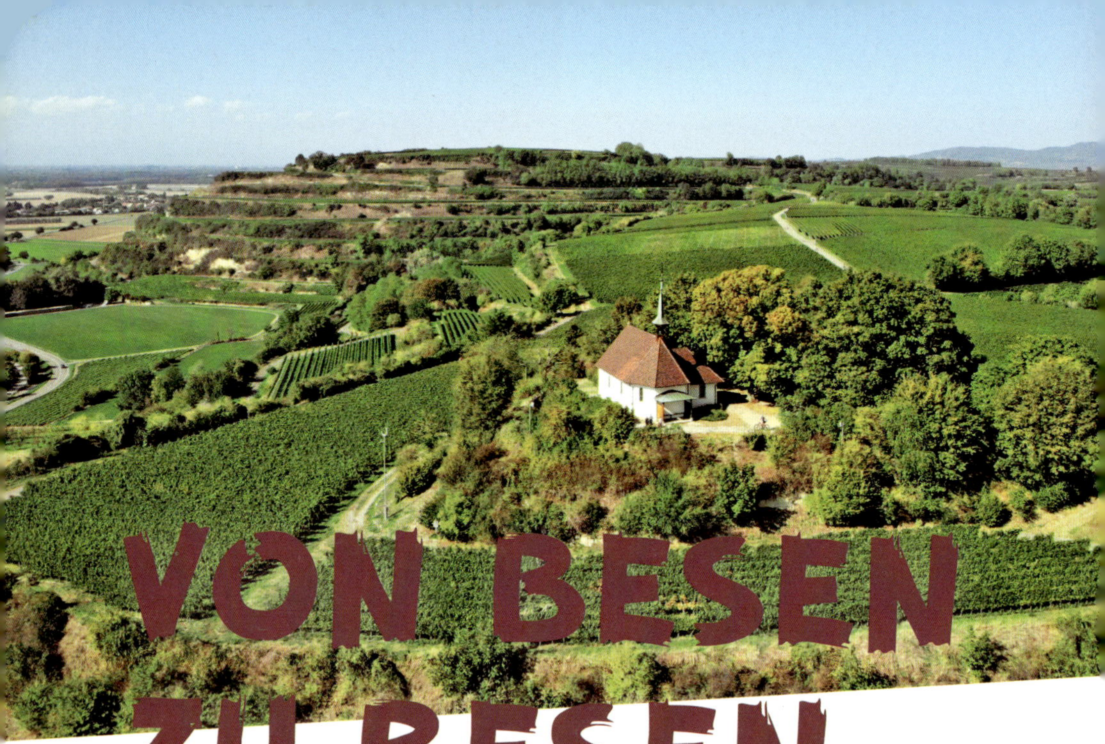

VON BESEN ZU BESEN

... bei der Straußenwanderung am Tuniberg

#3

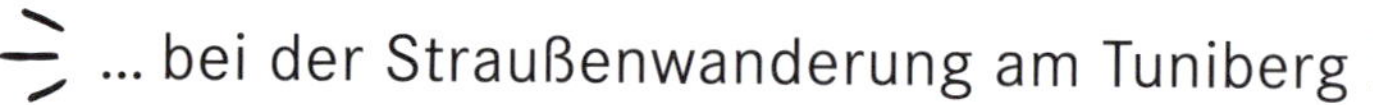

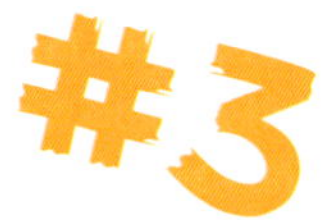

Grüne Weinberge, historische Höfe, gemütliche Winzerorte: Freiburgs Tuniberg-Gemeinden sind das perfekte Ausflugsziel. Ob alleine oder in der Gruppe – bei dieser zünftigen Straußenwanderung steht der Genuss im Vordergrund!

#Genusswandern #zünftigeTour #Landleben #zumWohl

Bunter Besen?
Die Straußе ruft!

→ ABSTECHER …

Mit dem Stadtbus ist es nur ein Katzensprung bis zum Tuniberg. Eine halbe Stunde, schon ist man mittendrin im Landleben – und trotzdem noch auf Freiburger Gemarkung. Die Straußen-Tour startet in Opfingen am Rathaus, direkt neben der Bushaltestelle. Von dort geht's entlang des ausgeschilderten Panoramawegs hinauf auf den Tuniberg. Und zum ersten Etappenziel: Walters Hofcafé, ein Obst- und Weinhof mit eigener Brennerei und Hofladen.

Herrlich gelegen zwischen Reben und Obstbäumen genießt man dort Kaffee und selbst gebackenen Kuchen – oder holt sich ein Vesper aus dem Hofladen. Das schmeckt besonders gut auf dem Aussichtsturm mitten im Weinberg, nur ein paar Schritte weiter. Unbedingt hinaufsteigen und die herrliche Weitsicht über den Tuniberg, das Freiburger Münster und den Schwarzwald genießen!

Der Panoramaweg führt nun über das Tuniberg-Plateau. Zwischen grünen Rebstöcken und vollen Obstbäumen geht's hinauf zum nächsten Aussichtspunkt. Von hier sieht man den Tuniberg in grünen Wellen vor sich

Erst rauf auf den Opfinger Turm, dann weiter durch die Weinberge.

liegen. Nach dem Rückhaltebecken führt der Eidechsenpfad über den Rohrberg weiter Richtung Griestal. Noch wichtiger als die Wanderzeichen sind aber die Reisigbesen mit den bunten Bändern. Wer einen am Straßenrand sieht, ist einem weiteren Ziel nicht mehr fern: der nächsten Straußwirtschaft, kurz und alemannisch »Straußi« oder »Strauße«. Diese kleinen Gaststätten mit regionalen Produkten sind sehr beliebt, und wer einkehrt, genießt mehr als gutes Essen. In der Strauße rückt man zusammen – und prostet sich mit Weinschorle aus hauseigener Produktion zu.

Auch die Griestal-Strauße mitten im Tuniberg ist so ein geselliger Ort. Also erst mal einkehren und sich einen Wurstsalat mit Brägele schmecken lassen. Dazu eine Saftschorle; selbst gemacht, aus Obst vom Tuniberg. Der Weg führt nun weiter zum Burgunderpfad, einem herrlichen Themenpfad, der sämtliche Tuniberg-Gemeinden miteinander verbindet. Hinauf geht's Richtung Attilafelsen, einer der bekanntesten Weinlagen am Tuniberg. Am Gipfelkreuz beim Hohfelsen ist der Kaiserstuhl zum Greifen nah – und auch die Vogesen. Etwa vier Kilometer sind es jetzt noch bis zum schönsten Punkt des Tunibergs: zur Munzinger Erentrudiskapelle.

Das letzte Ziel der Tour liegt aber nicht oben auf dem Berg, sondern unten im Dorf. Wer mit dem Bus unterwegs ist, der lässt den Tag ausklingen - mit einem Glas Wein vom Tuniberg. Entweder rund ums Schloss Reinach, oder bei einer Weinprobe im Weingut Lang. Den hat man sich nach den vielen Kilometern schließlich mehr als verdient. Prost!

Pausen müssen sein, am Gipfelkreuz und in der Strauße!

FAZIT: GRÜNE WEINBERGE UND GUTES ESSEN: BEI DIESER STRAUßEN-RUNDE DURCH DEN TUNIBERG KOMMEN GENUSSMENSCHEN VOLL AUF IHRE KOSTEN.

Hin & weg: Mit dem Stadtbus Nr. 32 nach Opfingen; die Wanderung startet am Rathaus. Zurück geht's dann von Munzingen wieder mit dem 32er-Bus.

Beste Zeit: Frühling oder Herbst; im Sommer gibt's wenig Schatten. Ob die Straußе gerade offen hat, zeigt der Besen – oder das Internet (www.hofcafe-walter.de; www.griestal-strausse.de); Infos zur Weinprobe: www.weingutlang.de/weinprobe

Dauer & Strecke: 4 Std., 12 km; die Tour kann abgekürzt werden.

Ausrüstung: Wanderschuhe und Geldbeutel für die Einkehr.

ZEITREISE IN DER MITTAGS-PAUSE

… auf dem Alten Friedhof im Stadtteil Neuburg

#4

Historische Grabsteine und geheimnisvolle Geschichten: Der Alte Friedhof im Stadtteil Neuburg ist ein besonderer Ort. Hier spaziert man direkt in Freiburgs Vergangenheit – und das einfach mal schnell in der Mittagspause.

#mystischerOrt #schlafendeSchöne #altesVermächtnis

Grüne Bäume, steinerne Erinnerungen: Auf dem Alten Friedhof spaziert man in eine andere Welt.

Hinter den dicken Friedhofsmauern beginnt eine andere Welt. Hier ruhen sie, die Freiburger Bürgerinnen und Bürger, behütet von lebensgroßen Engeln aus Stein. Die Zeit scheint stillzustehen.

Fast zwei Jahrhunderte lang, von 1683 bis 1872, wurden auf dem Friedhof nördlich der Altstadt Verstorbene beerdigt: Professoren und Pfarrer, Bürgermeister und Bildhauer, Mütter und Väter, Kinder, Geschwister, Geliebte. Ihre Grabsteine erzählen von ihnen. Mit Inschriften, Gedichten, Liebeserklärungen. Rund 1200 Grabstätten gibt es auf diesem Friedhof, einem der ältesten Deutschlands.

Heute ist er ein wunderschöner Park. Auch an einem Sommertag ist es unter den schattigen Kastanienbäumen angenehm kühl. Der Wind lässt ihre Blätter rauschen. Langsam spazieren Besucher umher, an efeubewachsenen Kreuzen vorbei, an Marienfiguren und an der Michaelskapelle mit dem gemalten Totentanz an der Decke. Es ist ein Gang durch die Stille – und durch viele Geschichten.

Der Alte Friedhof erzählt vom Leben und Sterben, von der Liebe und dem Loslassen. Dass dieser magische Ort mitten in der Stadt überhaupt noch existiert, verdankt sich wohl einem seiner toten »Bewohner«: Der Barockkünstler Johann-Christian Wenzinger, so erzählen sich die Freiburger, verfügte einst, dass er sein Vermögen nur dann dem Freiburger Stiftungsfond vermache, wenn sein Grab »auf ewige Zeiten« auf dem alten Friedhof gesichert sei. Wenzingers Grabstein steht am Eingang Stadtstraße.

Wer sich für die Geschichte(n) des Alten Friedhofs interessiert, bucht am besten eine Führung (www.alter-friedhof-freiburg.de).

Das wohl bekannteste Grab ist das der schlafenden Schönen. Ihr graues Bett aus Stein steht an der Ostseite des Parks. Hier schläft sie, seit

---

Hin & weg: Karlstraße 37–39. Von der Altstadt zu Fuß zu erreichen oder mit der Straßenbahn-Linie 2/4 bis Tennenbacher Straße.

Beste Zeit: Von Sonnenaufgang bis -untergang – besonders schön für eine etwas andere Mittagspause.

Dauer: So lange die Ruhe Entspannung bringt …

Ausrüstung: Buch für eine Auszeit.

Die schlafende Schöne ist berühmt - und ihr Bett aus Stein fast immer mit Blumen geschmückt.

mehr als 150 Jahren, mit einem offenen Buch in der Hand: Caroline Christin Walter aus Opfingen. Sie wurde nur 17 Jahre alt, die Tuberkulose beendete ihr noch junges Leben. Ihre Schwester Selma erinnerte mit dem Grab an sie: »Es ist bestimmt in Gottes Rath, daß man vom Liebsten, was man hat, muß scheiden.«

Auch heute noch liegen dort fast jeden Tag frische Blumen. Wer sie wohl bringt?

FAZIT: RAUS AUS DER STADT – REIN IN DIE VERGANGENHEIT. EIN SPAZIERGANG HIER IST EINE FASZINIERENDE ZEITREISE, UND ZWAR ZU JEDER JAHRESZEIT. GEHEIMTIPP FÜR EINE ENTSPANNTE MITTAGSPAUSE!

GEGEN DEN STROM

... beim Bachwandern in der Dreisam

Romantischer ist keine Freiburger Legende: Wer in eines der Bächle in der Innenstadt tritt, muss eine Freiburgerin oder einen Freiburger heiraten. Was passiert aber, wenn man nicht ins Bächle stolpert, sondern schnurstracks mitten durch die Dreisam stiefelt?

#Barfussspaß #Wasserläufer #uiiiistdaskalt

→ ABSTECHER ...

Stein auf Stein:
Türme in der Dreisam

Radfahren, joggen, baden, sonnen, spazieren, grillen, schlafen, Bier trinken: Die Freiburger lieben ihre Dreisam. Besonders schön ist sie im Osten, zwischen Sandfangweg und Jugendherberge. Perfekt, um mitten durch das kalte Nass zu wandern.

Erste Aufgabe: Hinein ins Wasser. Gut einsteigen kann man unterhalb des Sandfangwegs, auf Höhe der Musikhochschule, allerdings auf der gegenüberliegenden Uferseite – die ist nämlich deutlich weniger steil. Schon vom Trampelpfad (Karl-Hausch-Weg) aus sieht man einige gute Stellen, die leicht zu erreichen sind. Damit die Wasserwanderung richtig Spaß macht, ist eines wichtig: Am besten Wasserschuhe anziehen! Denn auf dem Dreisamgrund liegen massenhaft spitze Steine, manche sind noch dazu voll mit Algen und verdammt rutschig. Also Schuhe an – und rein ins kühle Nass ...

Uiii! Selbst im Hochsommer ist der erste Kontakt mit dem Dreisamwasser eine recht frische

Abhängen geht so am allerbesten!

Angelegenheit. Die ersten Schritte sind noch ungewohnt, das Vorankommen eher ein wackeliger Balanceakt. Das wird aber mit jedem Meter besser. Langsam geht's gegen den Strom, von einem Stein zum anderen. Das Wasser steht bis über die Knöchel, an manchen Stellen bis zum Knie. Mehr lässt der Wasserstand im Sommer nicht zu. Reicht aber auch! Weiter geht's stromaufwärts Richtung Ebnet. Am Ufer der Dreisam sitzen meistens junge Leute mit

Steinzeit am Dreisamufer – und zwar barfuß.

Gitarren, andere haben ihre Hängematte in die Bäume geknotet. Die Dreisam ist einfach perfekt für einen chilligen Sommertag.

Hier oben in den Kartauswiesen ist der Fluss wunderschön. Sein Bett ist fast doppelt so breit wie an anderen Stellen. Warum? Die Dreisam fließt hier wieder wie ganz früher. Bis ins 16. Jahrhundert war sie überall ein wilder Fluss mit breitem Kiesbett, vielen Armen und Inseln, die sich nach jedem Hochwasser veränderten. Zwischen 1817 und 1842 wurde ihr natürlicher Verlauf begradigt, ein Jahrhundert später war sie komplett kanalisiert.

Schön zu sehen, dass die Dreisam ihr altes Gesicht zurückbekommt. Da wandert man doch gleich viel lieber weiter ... Und wer genug hat vom Wasserlaufen, der steigt einfach die Böschung hinauf und entspannt am Ufer – am besten für den Rest des Tages.

Hin & weg: Zu Fuß oder mit dem Rad bis zur Brücke am Sandfangweg, gute Einstiegsmöglichkeiten gibt's vom Karl-Hausch-Weg aus.

Beste Zeit: Sommer.

Dauer: So lange einen die Füße tragen ...

Ausrüstung: Wasserschuhe! Und zwar unbedingt!

FAZIT: DIE DREISAM KENNT IN FREIBURG JEDER. DOCH DIE WENIGSTEN SIND SCHON MAL GEGEN DEN STROM GEWANDERT. ABSOLUTER INSIDERTIPP!

Schwimm-
meister
Damenba

SOMMER, SONNE, LOLLO!

... eine Frauenauszeit im Lorettobad

#6

Das ist wirklich einmalig in Deutschland: Hier im Lollo haben Frauen ein Freibad ganz für sich allein! Viele verlieben sich gleich bei ihrem ersten Besuch in das Nostalgiebad – und kommen Sommer für Sommer gerne wieder.

#IloveLOLLO #männerfreieZone #undesistSommer

Wer die Tür zum Damenbad das erste Mal öffnet, glaubt es kaum. Dieses Bad ist wirklich ein Traum! Die weißen Holz-Umkleidekabinen, die grüne Liegewiese, die knallbunten Retro-Sonnenliegen: Im Lollo fühlen sich Besucherinnen sofort zu Hause.

Gebadet wird im Stadtteil Wiehre schon seit Jahrhunderten. Anfangs hatten nur Männer freie Bahn – bis 1886 ein separates Freibad für Frauen eröffnet wurde. Und dieses Bad gibt es bis heute. Was für ein Glück!

Auch im 21. Jahrhundert sind hier im Lollo Frauen unter sich, das Damenbad ist immer noch männerfreie Zone, wenn man den Bademeister mal großzügig übersieht. Ein paar Züge schwimmen, mit oder ohne Bikinifigur, sich sonnen – und zwar auch mal einfach oben ohne –, ein Buch lesen, Eis essen, über das Leben nachdenken, quatschen, dösen, den Sommer genießen ... Ein Besuch im Lollo ist wie ein Wellnesstrip, nur besser!

Auch wenn das Becken für ambitioniertes Schwimmen zu klein ist: Es reicht, um sich abzukühlen. Dafür ist die Liegewiese riesig, und das Lorettobad liegt mitten in der Stadt.

Hin & weg: Am besten mit dem Rad zur Lorettostraße 51a, ansonsten mit der Straßenbahn-Linie 3 bis Weddigenstraße (5 Min. Fußweg) oder Linie 5 bis Reiterstraße (7 Min. Fußweg).

Beste Zeit: Frühe Sommermorgen, wenn sich die Tür zum Damenbad öffnet (Öffnungszeiten auf www.badeninfreiburg.de)

Dauer: Nach Lust und Laune.

Ausrüstung: Badesachen; Liegestühle gibt's vor Ort, Bücher auch.

Ein Bad mit Seele: Ein Besuch im Lollo ist wie eine Zeitreise.

Manche Freiburgerin fühlt sich hier wie im eigenen Garten.

Viele Freiburger Kinder sind übrigens schon ganz früh das erste Mal im Lollo gewesen, und zwar im Schwangerschaftsbauch. Für Kleinkinder gibt es ein kleines Becken, perfekt für den Mutter-Kind-Ausflug. Mit sechs Jahren ist dann aber Schluss mit Damenbad – zumindest für die Jungs! Die ziehen dann auf die andere Seite der Holzwand und schwimmen nebenan im Familienfreibad. Das hat auch historischen Charme, ein 25-Meter-Sportschwimmer-Becken ... und einen Kiosk.

Wer also Hunger hat, bestellt sich dort drüben hinter dem Bretterzaun einmal Kartoffelsalat zum Mitnehmen und schlüpft dann schnell wieder durch die Holztür zurück ins Damenbad. Dort schmeckt's nämlich noch viel besser!

Und weil das Lollo eine Freiburger Institution ist, hat es auch einen eigenen Förderverein. Der organisiert an lauen Sommerabenden ab und zu Konzerte im Damenfreibad – da dürfen dann auch die Männer rein!

FAZIT: EIN SOMMER OHNE LOLLO? UNVORSTELLBAR! AUCH WENN FREIBURG TOLLE FREIBÄDER HAT, WER KEINE LUST AUF TRUBEL (UND MÄNNER) HAT, IST HIER RICHTIG.

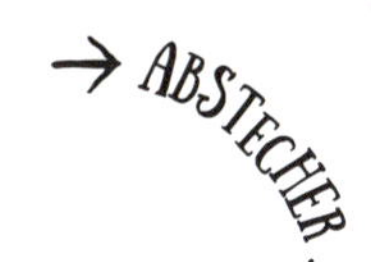

ENTSPANNT BADEN OHNE WANNE

#7

Beim Waldbaden braucht niemand eine Wanne. Nur den Wald! Und der liegt in Freiburg meist direkt um die Ecke. Wer losgeht und sich auf das Wald-Experiment einlässt, wird eintauchen in die Natur – und in sein eigenes Ich.

#Stresskiller #Naturpur #Waldbademeister

Einen Baum umarmen? Muss nicht sein! Am Anfang reicht es, die Rinde oder die Blätter zu berühren. Wie fühlt sich das an? Rau, glatt, warm, kalt, nass, trocken? Waldbaden regt die Sinne an. Was man normalerweise gar nicht beachtet oder wahrnimmt, steht jetzt im Mittelpunkt.

Das Zauberwort heißt Schlendern. Ein konkretes Ziel wie beim Wandern gibt es beim Waldbaden nicht. Rein in den Wald, ein Stück von den Wegen weggehen, achtsam über Baumstämme und Äste steigen. Und dann – anhalten. Und eintauchen.

Anfassen, anhalten und ganz tief eintauchen: Waldbaden tut einfach gut!

Eine kleine Meditation hilft am Anfang dabei, anzukommen. Die kann jeder ganz einfach nachmachen: Einen schönen Baum aussuchen, sich hinsetzen, anlehnen, die Augen schließen. Was hört man jetzt? Zwitschernde Vögel. Sausenden Wind. Knackendes Holz. Vielleicht ein Auto. Eine Stimme. Regentropfen ... Noch einfacher: Barfuß gehen und den Untergrund spüren. Oder ein Waldsouvenir sammeln, zum Beispiel einen Tannenzapfen.

Das Waldbaden wurde in Japan erfunden: *Shinrin Yoku*. Dort untersuchten Wissenschaftler, wie das Erlebnis in der Natur den stressgeplagten Stadtmenschen helfen kann. Die wichtigste Erkenntnis: Wer im Wald unterwegs ist, reduziert die Produktion von Stresshormonen und vermehrt seine Abwehrzellen, stärkt also das Immunsystem. Wer Waldbaden liebt, den faszinieren vor allem diese natürlichen Heilkräfte, die Körper, Geist und Seele zur Ruhe bringen und sie stärken. Der Stress geht, die Entspannung kommt. Ganz von alleine. Danke, Baum!

Der Wald muss nicht besonders wild oder abgelegen sein. Wer in Freiburg lebt, hat eine große Auswahl: Mehr als 40 Prozent der Stadtfläche sind voller Wald. Freiburg ist damit eine der waldreichsten Großstädte Deutschlands.

Wer einen geheimnisvollen Zauberwald sucht, geht zum Beispiel vom Wiehrebahnhof aus ins dunkle Unterholz des Sternwalds. Oder zum Waldhaus in Günterstal.

Im Herbst tauchen Laubwald-Fans im Mooswald ein in eine bunte Welt. Blätter regnen vom Himmel. Füße stapfen durch knisterndes Laub. Und nach dem Waldbad gibt's hier die Chance, richtig abzutauchen – im warmen Thermalwasser des Eugen-Keidel-Bads.

FAZIT: ALLEINE, MIT FREUNDEN ODER DER FAMILIE – DER WALD ALS ORT DER RUHE LÄDT WIE VON ZAUBERHAND DEN AKKU AUF.

Hin & weg: Zu Fuß in den nächsten Wald.

Beste Zeit: Sonne oder Regen, morgens oder abends. Der Wald hat zu jeder Zeit seinen Reiz.

Dauer: Jede Minute tut gut.

Ausrüstung: Nur Mut, abzuschalten – auch das Smartphone!

DAS VERRÜCKTE LABYRINTH

… in Freiburg-Opfingen

#8

Hier waren wir doch schon mal. Oder doch nicht? Und wo geht es jetzt weiter? Wer in Opfingen mitten im Feld unterwegs ist, braucht Konzentration und Orientierungssinn. Denn der Ausweg aus dem Pflanzenlabyrinth ist gar nicht so leicht zu finden.

#nixwieraus #LostinOpfingen #Landpartie

Im Labyrinth suchen alle den richtigen Weg – und richtige Antworten.

Mist! Sackgasse. Also den ganzen Weg wieder zurück. Und dann rechts abbiegen. Oder eher links? Irgendwie sieht hier alles gleich aus. Meterhohe Sonnenblumen stehen dicht an dicht, alle Stängel sind grün, und darüber blitzt nur der blaue Himmel. Wie soll man sich hier denn orientieren?

So eine Tour durchs Labyrinth ist was für coole Köpfe. Der Weg hinein ist einfach, aber schon nach ein paar Kurven und Abbiegungen hat man schnell die Orientierung verloren. Jetzt bloß nicht nervös werden! Denn die Wege sind verschlungen und insgesamt vier Kilometer lang. Eine Schnecke bräuchte 1400 Stunden, um alles abzukriechen. Aber keine Angst: Ganz so lange brauchen Besucher nicht, um das Labyrinth zu bezwingen.

Wer erst mal drinnen ist, sucht übrigens nicht nur den richtigen Weg, sondern auch acht Fragestationen, die irgendwo im Labyrinth versteckt sind. Wer sie findet und die richtigen Lösungen weiß, kann am Ende an einer Verlosung teilnehmen und mit etwas Glück den

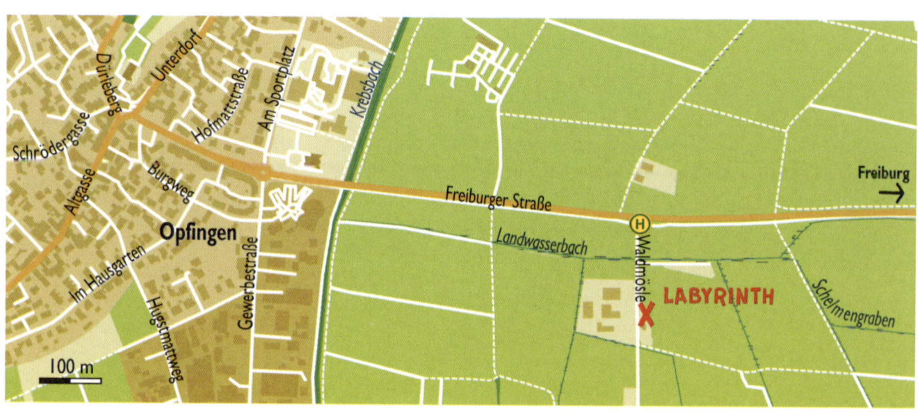

Hauptpreis ergattern: einen Heli-Flug übers Feld. Aus der Vogelperspektive sieht das Labyrinth richtig spektakulär aus.

Die Idee zum natürlichen Irrgarten hatte der Bauer Erwin Wagner, und der ist ziemlich kreativ: Mal pflügt er irre Wege in sein Maisfeld, im nächsten Jahr sät er Tausende Sonnenblumen an, zwischen denen man sich verlaufen kann. Seine neueste Idee: Ein Hanflabyrinth. Egal, zwischen welchen Pflanzen man sich in Opfingen verirrt, herausgefunden haben bisher alle wieder.

Das ist auch gut so, denn rund ums Labyrinth gibt es noch so viel zu entdecken: Den Aussichtsturm aus Strohballen. Die Welschkorn-Hütte mit Getränken, Snacks und Speisen. Das Insektenhotel. Den Traktor-Parcours für die Kleinen. Die chillige Ecke mit Liegestühlen. Eine Pferdekoppel. So macht die Landpartie richtig Spaß!

FAZIT: WER DENKT, DAS IST NUR WAS FÜR KINDER, IRRT SICH GEWALTIG! VERIRREN MACHT ALLEN SPAß, BESONDERS DIE GEMEINSAME SUCHE NACH DEM RICHTIGEN WEG.

Hin & weg: Mit der Buslinie 32 oder 33 bis Opfingen Ziegelei, zu Fuß nur 2 Min. (Waldmösle 2).

Beste Zeit: Mitte Juli – Ende Oktober (Öffnungszeiten auf www.maisfeld-opfingen.de)

Dauer: Bis man wieder hinausfindet ...

Ausrüstung: Ausdauer und Orientierungssinn. Bei schönem Wetter: Sonnenschutz und Getränke!

BAHN FREI

… beim Retro-Minigolf im Stadtteil Landwasser

Das ist ein echter Geheimtipp: Nach Landwasser kommt nur, wer den Minigolf-Platz kennt. Und das sind nicht viele! Dabei spielt es sich hier herrlich nostalgisch. Und wer sich warm gespielt hat, springt danach zur Abkühlung in den Moosweiher.

Erst mal den Ball im Griff haben, dann die Nerven.

Ein Schlag – und der blaue Ball rollt. Und rollt. Und rollt. Bis ins Loch ... zumindest fast. Schade! Noch mal höchste Konzentration, dann ist es geschafft.

Wer Minigolf spielt, braucht Geduld und Präzision. Nur so rollt der kleine Ball auch ins Ziel. Das soll er auch, und zwar mit möglichst wenigen Schlägen. Auf Bahn 1 geht das noch sehr einfach: Geradeaus schlagen und rein ins Loch! Läuft! Doch dann kommen sie, die gefürchteten Hindernisse: die Wippe, das Labyrinth, die Schnecke. Jetzt zeigt sich, wer seine Nerven im Griff hat.

Von wegen Schwarzlicht-Indoor- oder Adventure-Golf: Hier geht's zu wie vor 38 Jahren, als die Anlage am Rande des Stadtteils neu eröffnet wurde. Gespielt wird wie eh und je – und zwar auf 18 Bahnen aus Beton. Und am Eingang steht auch das obligatorische Schild: »Bahnen betreten verboten!«

Rund 270 Minigolf-Vereine gibt es in Deutschland. Freiburg hat – keinen. Aber dafür gleich

---

Hin & weg: Mit der Straßenbahn-Linie 1 bis Endstation Moosweiher, dann keine 10 Min. zu Fuß zur Minigolf-Anlage an der Auwaldstraße, direkt am Moosweiher.

Beste Zeit: März–Oktober, und zwar täglich (de-de.facebook.com/minigolflandwasser). Ziemlich cool an heißen Sommertagen; es gibt viel Schatten unter den Bäumen.

Dauer: 1–2 Std.

Ausrüstung: Nichts. Schläger und Bälle gibt's vor Ort. Wer sich danach noch im Moosweiher abkühlen will: Badesachen nicht vergessen.

mehrere Minigolf-Plätze. Da ist für jeden etwas dabei. Am Seepark spielen Minigolfer auf Eternitplatten, am Schoßberg mit Blick über die Stadt. Die neueste Anlage ist der Fun-Strand am Strandbad Littenweiler; dort rollt der Ball auf Kunstrasen.

Die Anlage in Landwasser liegt hinter den Hochhäusern, mitten im Grünen. Der Moosweiher ist nur ein paar Schritte entfernt. Am See geht es meist eher ruhig zu. Unter den schattigen Bäumen auf der Liegewiese gibt's selbst im Hochsommer genügend Platz, um einen Tag am See zu verbringen.

Auch die Minigolfanlage ist ein guter Ort, um sich zu entspannen. Unter den Bäumen fühlt man sich richtig wohl. Die Mutschlers kümmern sich darum, dass der Rasen gemäht ist und die Hecken gestutzt sind. Wenige Jahre nach der Eröffnung des Platzes haben sie die Anlage übernommen, und auch nach so vielen Jahren sind sie noch täglich vor Ort.

Nach dem Match gibt's dann noch ein Eis oder eine Limo. Die Kiosk-Preise sind übrigens auch ziemlich retro!

FAZIT: DAS IST WAS FÜR ECHTE NOSTALGIKER! HIER FÜHLT MAN SICH WIE IN DEN 70ER-JAHREN.

IM KRÄUTER-PARADIES

... beim Kloster St. Lioba in Freiburg-Günterstal

Schon mal an Colakraut gerochen? Oder an einer Kaugummipflanze? Im Kräutergarten der Benediktinerinnen von St. Lioba in Günterstal kann man exotische Pflanzen aus der Nähe betrachten und sich über ihre Heilkräfte informieren.

#mitallenSinnen #Klosterruhe #Kraftort #betenzwischenBeeten

Armoracia was? In Günterstal lernt jeder dazu.

Freiburgs Paradies liegt am Rand von Freiburg-Günterstal. Zumindest glaubt man das während der kleinen Auszeit auf einer Holzbank im Klostergarten der Benediktinerinnen von St. Lioba.

Vor einem duftende Kräuter. Hinter einem eine ockerfarbene Villa im Toskanastil, das Kloster und Zuhause von rund 50 Schwestern und Brüdern. Und über den Dächern von Günterstal der grüne Schwarzwald. Der Kräutergarten ist ein Ort der Stille – und ein Genuss für die Sinne. Mit seinen symmetrisch angelegten, rechteckigen Hochbeeten ist er einzigartig in Freiburg. Rund 200 verschiedene Pflanzen, von denen schon in der Bibel zu lesen ist, und Heilkräuter wachsen hier, an der Klostermauer stehen zudem alte Strauch- und Baumsorten.

Schön sieht das Grünzeug aus, und wie gut es erst riecht! Unbedingt einmal vorsichtig an den Blättern der Pflanzen reiben. Kaugummipflanze oder Colakraut, ja das gibt's tatsäch-

lich! Wo kriegt man das sonst unter die Finger? Riecht wie das Original – nur viel intensiver.

So ein Garten macht viel Arbeit. Ein Team aus Ehrenamtlichen unterstützt die katholischen Schwestern bei der Pflanzenpflege. Manche Exoten stehen nur im Sommer dort. Zum Beispiel die Fieberpflanze. Die haben indische Mitschwestern mitgebracht, sie schwören auf ihre Heilkraft. Im Winter holen sie die empfindliche Pflanze zu sich ins Warme. Wer mehr über die Kräuter und ihre Heilkraft erfahren will: Von Frühling bis Herbst führen Experten durch den Garten (Termine auf www.kloster-st-lioba.de).

Der Klostergarten ist für manche auch ein spiritueller Ort. Beten zwischen Beeten: Wer will, darf das natürlich sehr gerne tun. Ob gläubig oder nicht, alle sind eingeladen, es sich auf einer Bank gemütlich zu machen, die Ruhe zu genießen und aus der Stille des Ortes Kraft zu schöpfen.

Wer durch das große Tor am Rand des Gartens geht, kommt zum Klosterladen. Dort finden Besucher eine kleine, feine Auswahl: Kräuter-

---

Hin & weg: Straßenbahn-Linie 2 Richtung Günterstal bis Haltestelle Wiesenweg, dann 5 Min. zu Fuß bis zum Kloster St. Lioba, Riedbergstraße 1.

Beste Zeit: In der Nachmittagssonne kommen und bis zur Vesper bleiben (Öffnungszeiten unter www.kloster-st-lioba.de)

Dauer: Nach Lust und Laune.

Ausrüstung: Nichts, höchstens ein Bestimmungsbuch.

Himmlische Ruhe: Der Kräutergarten ist ein besonderer Ort, um Kraft zu tanken.

bücher, Produkte aus anderen Klöstern, Samen für den eigenen Garten, Gebetstücher und Holz-Rosenkränze. Außerdem gibt's dort ein offenes Ohr für jeden, der das braucht. Unbedingt probieren: den Ingwer-Saft!

Um 18 Uhr ist Feierabend. Dann läuten die Glocken zur Vesper, dem Abendgebet. Jetzt haben es manche Schwestern eilig, zur Klosterpforte zu kommen. Wer mitbeten will, ist herzlich willkommen!

FAZIT: IM KRÄUTERGARTEN WERDEN ALLE SINNE ANGEREGT. NOCH DAZU IST DAS KLOSTER ST. LIOBA EIN SPIRITUELLER ORT. PERFEKT FÜR EINE KURZE ALLTAGSPAUSE!

DER PERFEKTE UNTERGANG

#11

Warum sehen sich viele nur im Urlaub den Sonnenuntergang an? Auch zu Hause enden Sommertage oft spektakulär. Der perfekte Sunset-Spot in Freiburg: die Eichhalde in Herdern.

#Wow #SunsetSpot #derHimmelbrennt #goldeneStunde

Platz an der Sonne: Die Eichhalde ist was für Romantiker.

Die Eichhalde muss es sein! Nirgendwo sonst sieht man die Sonne so schön verschwinden wie von hier oben, hoch über dem Stadtteil Herdern. Ganz Freiburg liegt einem zu Füßen. Und nicht nur das: Der Blick geht weit über die Stadt hinaus, über Dächer und Kirchtürme, über Tuniberg und Kaiserstuhl, bis in die Rheinebene und hinüber in die Vogesen.

Wer zum ersten Mal herkommt, wird staunen: Abends verwandelt sich der Straßenrand in einen echten Sunset-Spot. So heißen die Plätze einer Stadt, die einfach perfekt sind, um die Sonne zu verabschieden. Die Eichhalde ist es, denn sie ist ein Ort für alle! Für Paare oder solche, die es werden wollen. Für Freunde oder Familien, die den Sommerabend gemeinsam ausklingen lassen wollen. Und auch für diejenigen, die gerne mal ein bisschen für sich alleine sind. Denn hier oben gibt's viel Platz und deutlich weniger Getümmel als auf dem Schlossberg. Dort pilgern abends viele Sonnenanbeter hinauf – sie locken die Nähe zur Altstadt und der Kastanien-Biergarten.

Die Eichhalde hat zwar keine Einkehrmöglichkeiten zu bieten, aber die Panoramawiese ist einfach genial für Sunset-Spotter. Manche hier sind ziemlich gut vorbereitet: Tische und Klappstühle werden aufgebaut, ganz Glückliche beobachten das Spektakel bei offener Heckklappe aus ihrem alten VW-Bus. Wer keinen hat, eine Picknickdecke tut's auch. Oder so früh kommen, dass man eine der Holzbänke ergattert.

Dann geht's los. Ganz langsam wandert die Sonne immer tiefer. Golden schimmern die Dächer. Das Licht hat etwas Magisches. Der Himmel wechselt seine Farben. Wird orange, hellrot, rot, pink. Die Wolken verfärben sich mit. Der Himmel über Freiburg brennt. Was für ein Wahnsinn!

Die glühende Kugel zieht sich immer weiter zurück. Plötzlich ist es ganz ruhig. Der Verkehrslärm ist gedämpft. Vögel kreisen über der Stadt. Der Wind wird frischer. Dann versinkt die Sonne komplett hinter den Vogesen. Tschüss Sonne, bis morgen!

Nicht weit entfernt von der Eichhalde: der Kastaniengarten auf dem Schlossberg. Beliebt und belebt, auch weil von hier aus Münster und Schwabentor spektakulär im Abendlicht leuchten.

FAZIT: AUCH WER NICHT AUF KITSCH STEHT, WIRD HIER SCHWACH. DAS LOHNT SICH IMMER WIEDER, DENN KEIN SONNENUNTERGANG GLEICHT DEM ANDEREN.

Hin & weg: Zu Fuß, in 20 Min. vom Dorfplatz in Herdern den Berg hoch über die Sonnhalde zur Eichhalde.

Beste Zeit: Mindestens 1 Std. vor Sonnenuntergang.

Dauer: Bis die Sterne blitzen.

Ausrüstung: Picknickdecke, kühle Getränke, Handy fürs Sunset-Selfie.

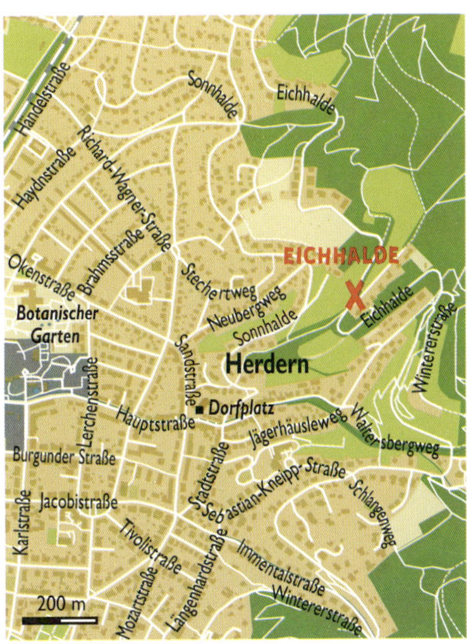

FEUER FREI

... beim Draußen-Dinner in Stadt und Wald

#12

Echte Pfadfinder kennen das: Essen am Lagerfeuer ist Abenteuer pur. Die Flammen lodern, das Holz knackt, es duftet herrlich. Wer keinen eigenen Garten hat, kein Problem! In Freiburg gibt es viele tolle Grill- und Feuerplätze in der Natur – und einen sogar mitten in der Stadt.

#Outdoorkochen #grill&chill #Mahlzeit #Lagerfeuerromantik

→ Abstecher...

Anfeuern mitten in der Stadt: Im Ganter-Biergarten an der Dreisam grillt und chillt man gemeinsam unter Bäumen.

Wer mitten in Freiburg anfeuern möchte, hier ein heißer Tipp: der Ganter-Hausbiergarten am Dreisamuferweg. Hier grillt man zwischen Bierbänken und Bäumen – und zwar ohne dicke Luft mit den Nachbarn zu riskieren.

Grillschale samt Rost am Dreibein gibt's zu mieten (vorher reservieren! www.ganter.com), frisches Bier und leckere Pommes an der Theke zu kaufen. Bis das Essen fertig ist, spielen die Großen auf der Boulebahn, die Kleinen auf dem Spielplatz. Auf dem Rost brutzeln inzwischen die Klassiker Wurst und Steak vor sich hin. Wer mal was anderes probieren möchte: Diese Melonen-Halloumi-Spieße werden einfach und schnell vor Ort zubereitet und schmecken unglaublich lecker.

Melonen-Halloumi-Spiesse

1 Wassermelone
1 Packung Halloumi
Holzspieße
2 EL Olivenöl, eine Handvoll Minze, Limette

Melone schälen, würfeln. Halloumi ebenso würfeln. Abwechselnd aufspießen, auf den Grill legen. Aus dem Öl, der Minze und dem Saft der Limette ein Dressing mixen und über die Spieße träufeln.

Feuer frei: Draußen kochen ist ein echtes Abenteuer – besonders mit Bergblick wie hier an der Grillstelle Sohlacker.

Wer Lust hat auf ein Draußen-Dinner in der Natur, der sucht sich eine der 30 Freiburger Feuerstellen im Stadtwald aus. Bei manchen davon steht sogar eine Hütte, so fällt garantiert kein Barbecue ins Wasser. Allerdings muss man die beim Forstamt mieten. Bei allen anderen gilt: Wer zuerst kommt, grillt zuerst!

Ganz weit vorne unter Freiburgs schönsten Lagerfeuer-Plätzen: die Grillstelle am Sohlacker! Hin geht's zu Fuß oder mit dem Bike vom Bahnhof Wiehre über das Sternwaldeck Richtung Günterstal/Kybfelsen (6 Kilometer, gelbe Raute). Oben gibt's kostenlos Tisch, Bänke und Feuerstelle – und einen herrlichen Blick auf Berge, Wald und Wiesen.

Der Grillplatz Silbertobel ist ein echter Dauerbrenner. Weit schleppen braucht die Grillutensilien hier niemand. Die Feuerstelle liegt direkt am Waldrand, nur wenige Minuten zu Fuß von der Straßenbahn-Haltestelle Holbeinstraße entfernt.

Hin & weg: Mit der Bahn, dem Rad oder zu Fuß in den Ganter-Biergarten (Leo-Wohleb-Straße 4) oder zu einer öffentlichen Grillstelle. Im Wald sind offene Feuer verboten, und zwar nicht nur bei Waldbrandgefahr.

Beste Zeit: Im Ganter-Biergarten während der Saison, an den Grillstellen das ganze Jahr; wer nicht am Wochenende grillt, hat meist freie Auswahl (Infos und Kalender auf www.freiburg.de/forstamt).

Dauer: So lange das Feuer lodert. Ganz wichtig: Am Ende immer löschen!

Ausrüstung: Alles, was man braucht, ist ein Feuer. Und die Zutaten. Wer über den Flammen kochen möchte: Geeigneten Topf mitbringen – und Topflappen!

Leckere Kombi: Melonen-Halloumi-Spieße und lange Rote vom Grill.

Wer noch mehr Abenteuer sucht, der grillt nicht, sondern kocht direkt über dem Feuer. Ideal für die Lagerfeuerküche ist ein Dutch-Oven, ein gusseiserner Topf. Der schwarze Pott hängt wie im Western über dem Feuer oder steht in der Glut. Wer keinen hat, nimmt einen Edelstahltopf und stellt ihn an den Feuerrand. Darin köchelt ein leckeres Bohnen-Chilli – mit oder ohne Carne.

Die leeren Bohnen-Dosen werden einfach direkt wiederverwertet: Statt Stockbrot gibt's dieses Mal Dosenbrot! Hefeteig kneten, gehen lassen, Konservendose zu zwei Dritteln füllen, Dosenbrot in die Glut stellen, 15 bis 30 Minuten warten. Fertig!

Ganz heißer Tipp zum Schluss: Schoko-Bananen als Dessert! Geht superschnell und schmeckt himmlisch. Die Banane samt Schale der Länge nach aufschneiden, Schokostücke hinein stecken und ab in die Glut. Sobald die Schokolade geschmolzen ist, rausnehmen und auslöffeln. Hmmm …

FAZIT: NICHT LANGE FACKELN, SONDERN RAUSGEHEN UND ANFEUERN! UND ZWAR NICHT NUR IM SOMMER, SONDERN AUCH, WENN ES ABENDS SCHON FRÜHER DUNKEL WIRD UND DIE LUFT HERRLICH KÜHL IST.

OMMM!

… meditieren im Garten des Tibet-Kailash-Hauses

#13

Einfach mal nichts tun und an gar nichts denken. Klingt kompliziert? Geht aber ziemlich einfach – im Garten des Tibet-Kailash-Hauses. Zwischen Buddha-Figuren und Gebetsmühlen kann man mitten in der Stadt durchatmen.

#OrtderStille #Akkuaufladen #100 %Buddha

Grüne Oase mittten in der Stadt: Im Buddha-Garten sind alle willkommen.

An der Wallstraße, ganz in der Nähe der Altstadt, steht ein gelbes Haus. Übersehen kann man es eigentlich nicht, aber die wenigsten wissen, was sich dort verbirgt. Der Dalai Lama höchstpersönlich war hier schon zu Gast.

Wer unter den bunten Gebetsfahnen hindurch in den Garten des Tibet-Kailash-Hauses geht, fühlt sich wie in einer anderen Welt. Ein Buddha aus Stein lacht jedem entgegen. Zwischen den Bäumen blitzen rote Gebetsmühlen auf. Daneben steht ein weißer Turm mit schwarzen Augen, der Weltfriedensstupa – der wichtigste Punkt im buddhistischen Garten. Wer ihn betrachtet oder im Uhrzeigersinn umrundet, wird positive Energie für den eigenen Weg aktivieren. Ob Buddhist oder nicht: Hier spürt jeder, dass dieser Ort Kraft und Frieden ausstrahlt.

Der Buddhismus boomt – auch in Freiburg. Rund 2000 aktive Anhänger praktizieren ihn in der Stadt. Sie meditieren in japanisch eingerichteten Dojos, tibetischen Zentren oder privaten Wohnräumen. So schön ruhig und grün wie im Garten des Tibet-Kailash-Hauses ist es sonst aber nirgendwo.

Im Buddha-Garten sind alle einfach willkommen. Hier stehen Stühle und Tische, Liegestühle und Sonnenschirme. Jeder findet einen Platz, um seinem Körper etwas Ruhe zu gönnen. Um noch tiefer zu entspannen, braucht auch der Geist einen Ort, um sich zurückzuziehen. Mit dieser einfachen Meditation kann das klappen:

Schließe deine Augen. Konzentriere dich ganz auf deinen Atem. Wo spürst du ihn? Im Bauch, in der Brust, in der Nase? Lass die Gedan-

---

Hin & weg: Das Tibet-Kailash-Haus liegt in der Innenstadt, Wallstraße 8 (Straßenbahn-Haltestelle Holzmarkt oder Schwabentor).

Beste Zeit: In der Mittagspause.

Dauer: 5–10 Min. für Anfänger, Profis meditieren auch gerne länger.

Ausrüstung: Nichts, nur Zeit. Wer Anleitung braucht: Meditationsapp runterladen oder Kurs besuchen (Infos auf www.tibet-kailash-haus.de)

Auszeit zwischen tibetischen Gebetsmülen und bunten Gebetsfahnen: Rund ums Tibet-Kailash-Haus fühlt man sich sofort wie in einer anderen Welt.

ken kommen und ziehen. Bleib beim Atem. Achte auf die Geräusche um dich herum, in der Nähe, in der Ferne. Spüre das Gras, die Sonne, den Wind – und lass deinen Atem einfach fließen …

Nach dieser Meditation fühlt sich jeder sortiert und entspannt. Jetzt noch einen tibetischen Kräutertee im Garten-Café, ein Mango-Lassi oder ein Stück Kuchen – und dann gelassen zurück in den Alltag.

FAZIT: SEHNSUCHT NACH INNEREM FRIEDEN? DIE MEDITATIVE AUSZEIT ZWISCHEN BUDDHA-FIGUREN, BÄUMEN UND MANGO-LASSI LÄDT DEN AKKU AUF.

SUP TO GO

... am Opfinger See

#14

Runterkommen nach Feierabend? Dann rauf aufs Brett zum Stand-Up-Paddling, kurz SUP! Alles, was man braucht: ein See. Und ein Brett. Baggerseen gibt's rund um Freiburg genug. Und das Brett kann man sich ausleihen – samt Rucksack und Luftpumpe.

#Brettsport #stehendpaddeln #DIYTour

→ ABSTECHER …

Ein See, ein Brett, ein Abenteuer.

Der Opfinger See glitzert in der Sonne. Schnell den großen Rucksack und die Klamotten runter, Brett ausrollen, Luftpumpe raus und lospumpen. 15 Minuten Warm-Up, dann ist das Brett startklar, ohne dass man dabei ins Schwitzen kommt.

Jetzt rauf aufs Wasser! Keine Wellen, kein Wind, der See liegt ganz ruhig da? Perfekt für den Start. Anfänger knien sich erst mal aufs Brett und paddeln eine Runde, um ein Gefühl für die Balance zu kriegen. Stufe 2: Einen Fuß aufstellen, dann den nächsten, aufstehen, ausbalancieren. Die Knie zittern. Keine Angst, das ist normal – und hört schnell wieder auf. Und dann: Paddel eintauchen, lospaddeln.

Kaum steht man eine Weile auf dem Brett und hat ein paar Mal das Paddel ins Wasser getaucht, ist der Rhythmus schon gefunden. Entspannt gleitet das Brett über den See. Der ganze Körper arbeitet. Jeder Muskel, vom Kopf bis zu den Zehen, wird gebraucht, um die Balance zu halten. Stehend Paddeln

trainiert sanft die gesamte Muskulatur. Geradeaus paddeln, wenden, mal langsam, mal schnell: Auf dem Opfinger See kann man diesen Trendsport herrlich ausprobieren. Wenig Wind, wenig Strömung, kein Bootsverkehr – ideal fürs SUP-Abenteuer. Und wenn man dann doch baden geht, ist das an heißen Sommertagen auch nicht schlimm …

Der Opfinger See ist Freiburgs größter Badesee und liegt mitten im Wald, zwischen Opfingen und dem Rieselfeld. Schon lange wird an

Rucksack auspacken, SUP aufpumpen - fertig! Jetzt kann das Paddelabenteuer auf dem Opfinger See losgehen.

diesem Baggersee nicht mehr gebaggert. In der flachen Badebucht an der Südspitze sind im Sommer viele Familien. Dort gibt's auch einen Kiosk, Toiletten, eine DLRG-Station, Beachvolleyball und Slackline-Felder.

Am Nordende des Sees hat die Stadt Freiburg eine Biotop-Schutzzone eingerichtet. Dort brüten Vögel – und SUPler müssen draußen bleiben. Macht aber nichts, die Anfängerrunde geht auch ohne Nordspitze.

Und wer keine Lust hat auf Bade-Sommer-See-Rummel, für den kommt hier noch ein Tipp: Ganz früh aufstehen und zum Sonnenaufgang aufs Brett. Frühmorgens liegt ein besonderer Zauber in der Luft. Genau wie am Abend, wenn der Sonnenuntergang den See in Pastelltöne taucht. Da möchte man am liebsten immer auf dem Wasser bleiben!

Hin & weg: Mit dem Rad oder Auto zum Parkplatz am Opfinger See, mit der Buslinie 32/33 zur Haltestelle Kleingärten, 15 Min. Fußweg.

Beste Zeit: Sommer! Mit Neoprenanzug geht es prinzipiell auch bei kühlem Wetter.

Dauer: Eine Stunde reicht schon zum Entspannen.

Ausrüstung: Badesachen und SUP. Den Rucksack samt aufblasbarem Brett gibt's tageweise zu leihen bei den Jungs vom Aloha-Center in der Schopfheimer Straße (www.alohacenter.de)

FAZIT: SUP TO GO IST GENIAL FÜR ALLE, DIE GERNE INDIVIDUELL UNTERWEGS SIND: EINFACH RUCKSACK SCHNAPPEN UND RAUS AN DEN SEE!

NACKTE FREIHEIT

… bei einer Barfußtour zum Wasserschlössle

#15

Schon mal barfuß durch den Wald gewandert? Nein? Dann wird es höchste Zeit! An einem Sommertag geht's vom Waldsee hinauf zum Wasserschlössle, und zwar auf schmalen Pfaden und nackten Sohlen. So fühlt sich Freiheit an!

#untenohne #Barfußsommer #Schuheaus

Schuhe aus, Zehen raus – los geht's!

Raus aus Socken und Schuhen! Auf einer Bank am Ufer des Waldsees geht das Abenteuer los. Zunächst ist das alles ziemlich einfach. Neben dem Waldseeufer wächst Gras, angenehmer kann der Start nicht sein.

Dann kommt die erste Herausforderung: Ein breiter Forstweg führt hinauf Richtung Brombergsattel und Franzoseneck. Ob das mit dem Barfußgehen so eine gute Idee war? Ein Steinchen liegt hier neben dem anderen. Und jedes pikst in die Fußsohle. Unbeholfen tasten sich die Füße vorwärts. Jetzt muss man sich ganz schön konzentrieren. Doch mit jedem Schritt wird es einfacher. Barfußgehen ist reine Übungssache!

An der Grillstelle geht's hinein in den Wald. Ein enger Pfad führt bergauf, über Äste und Wurzeln. Tannennadeln und trockene Blätter liegen auf dem Weg. Wie weich sich das anfühlt! Die Füße gehen jetzt wie auf Wolken. Und sie kribbeln ziemlich. Der steinige Forstweg hat die Durchblutung ordentlich ange-

regt – besser kann eine natürliche Reflexzonenmassage kaum sein.

Langsam geht's immer weiter bergauf. Das ist noch ein großer Vorteil des Barfußwanderns: Schnell geht nicht, außer man hat ziemlich robuste Fußsohlen. Mittlerweile sind alle Sinne angeregt. Die Füße tasten sich immer sicherer über den Untergrund, die Augen bewundern die Sonnenstrahlen, die durch die Bäume scheinen. Vögel flattern und zwitschern. Kein Mensch ist hier unterwegs – schon gar nicht barfuß.

Dabei ist Barfußlaufen gesund. Es stärkt die Muskulatur und das Immunsystem. Wichtig ist nur, dass man sich langsam an die ungewohnte Belastung gewöhnt. Und noch ein Tipp: Nicht mit der Ferse auftreten, sondern immer mit dem vorderen Fußteil. Mittelfußgang nennt man das: schont Fußgelenke, Knie und Wirbelsäule.

Die Barfußwanderung geht weiter hinauf Richtung Sternwaldeck und dann durch den Wald Richtung Wasserschlössle. Mittlerweile haben sich die Füße an die neue Freiheit gewöhnt. Plötzlich wechselt der Untergrund:

Hin & weg: Mit der Straßenbahn-Linie 1 bis zur Haltestelle Musikhochschule, dann zu Fuß ca. 10 Min. durch dic Mösle- und Waldseestraße bis zum Restaurant Waldsee.

Beste Zeit: Tolle Sommertour über schattige Waldpfade.

Dauer & Strecke: 1,5 Std., 5 km (Rundweg gelbe Raute).

Ausrüstung: Schuhe im Rucksack, für den Fall, dass der Weg zu anstrengend wird.

Barfuß über Stamm und Stein – und hinauf zum Wasserschlössle.

Kühl und feucht ist der Waldboden, selbst im Sommer bei Hitze. Wie gut das tut, hier die Füße aufzusetzen.

Am Wasserschlössle gibt's die verdiente Pause, kühles Brunnenwasser für die Füße und einen herrlichen Blick über Freiburg. Wer genug hat, holt einfach die Schuhe aus dem Rucksack. Alle anderen gehen barfuß in etwa 30 Minuten auf gut ausgeschildertem Weg zurück zum Waldsee.

Am Ende der Barfußtour warten im Restaurant Waldsee eine kühle Limo und ein Flammkuchen. Und die Füße? Die bekommen später zu Hause ein Fußbad als Dankeschön!

FAZIT: DER SOMMER IST PERFEKT FÜR EINE BARFUßTOUR. DIE BÖDEN SIND WARM, DIE TAGE LANG – UND KEINER SCHAUT SCHRÄG, WENN MAN BARFUß UNTERWEGS IST.

MÄRCHEN-PANORAMA

… auf der Zähringer Burg

Ein Märchenturm mitten in Wald: Der Bergfried der früheren Zähringer Burg beeindruckt nicht nur Kinder – der Blick zwischen den Burgzinnen hindurch ist genial. Doch die Turmtür öffnet sich nur für den, der den Burgschlüssel findet.

#SchlüsselzumGlück #Ritterleben #hochhinaus

Märchenhafter Turm: Die Reste der Zähringer Burg stehen mitten im Wald.

Der Schlüssel zum Glück ist ganz schön groß. So wie ein echter Burgschlüssel eben sein muss. Rein ins Schloss, umdrehen, schon öffnet sich die schwere Tür zum Burgturm. Jetzt aber schnell nach oben. Etwa 50 Holzstufen sind es, dann ist es geschafft.

Hoch oben auf dem Aussichtsturm der Zähringer Burg pfeift der Wind ganz schön. Egal, dafür ist die Aussicht einfach genial.

Zwischen den gemauerten Burgzinnen hindurch sieht man Freiburg – mit vielen Hochhäusern, Kirchen und dem wunderschönen Münsterturm. Dahinter thront der grüne Schwarzwald. Geradeaus präsentiert sich der Kaiserstuhl. Im Dunst, weit hinten am Horizont, erahnt man die Umrisse der Vogesen. Und rechts, wie in einem grünen Bilderrahmen, liegt Gundelfingen.

Die Zähringer Burg ist heute nur noch eine Ruine. Bertold II. hat die Anlage 1078 für sich und seine Familie gebaut. 1091 zog der Herzog von Zähringen um in ein größeres Zuhause, und zwar auf den Schlossberg.

Die Zähringer Burg hat noch wacker ein paar Jahrhunderte überdauert, wurde aber im 17. Jahrhundert durch Krieg und Feuer komplett zerstört. Der Turm wurde wieder aufgebaut. Und wer genau hinsieht, kann im Wald noch Reste der Fundamente und Burgmauern finden. Außerdem gibt's hier oben Ruhe und Erholung. Und das ist doch auch hin und wieder mal schön.

Hin & weg: Zu Fuß von Herdern (Buslinie 27) zur Zähringer Burg und anschließend hinab nach Zähringen.

Beste Zeit: Geht immer! Besonders schön an Herbst- oder Wintertagen – kombiniert mit Fondue-Essen in der Waldgaststätte Zähringer Burg. Dort gibt's auch den Schlüssel zum Turm (Öffnungszeiten: www.waldrestaurant-zaehringerburg.de)

Dauer: 5,5 km, 2 Std.

Ausrüstung: Wanderschuhe.

Treppauf, treppab: Die Wendeltreppe macht vor allem Kindern Spaß. Die Aussicht von oben beeindruckt auch erwachsene Turmgänger.

Viele Wege führen zu diesem märchenhaften Platz. Ein besonders schöner geht von der St.-Urban-Kirche in Herdern hinauf zur Burgruine. Über Hebsackstraße und Eichhalde spaziert man in den Wald. Die gelbe Raute zeigt einem den Weg bis zum Waldrestaurant Zähringer Burg.

Wo heute Schnitzel geklopft werden, haben früher die Waffenschmiede der Herzöge ihre Arbeit verrichtet. Vielleicht haben sie ja auch einen Schlüssel geschmiedet ... Zumindest lohnt es sich, an der Theke mal eisern nachzufragen.

FAZIT: WER IM WALDRESTAURANT NACH DEM BURGSCHLÜSSEL FRAGT, DARF SICH AUF EIN HERRLICHES TURM-PANORAMA FREUEN.

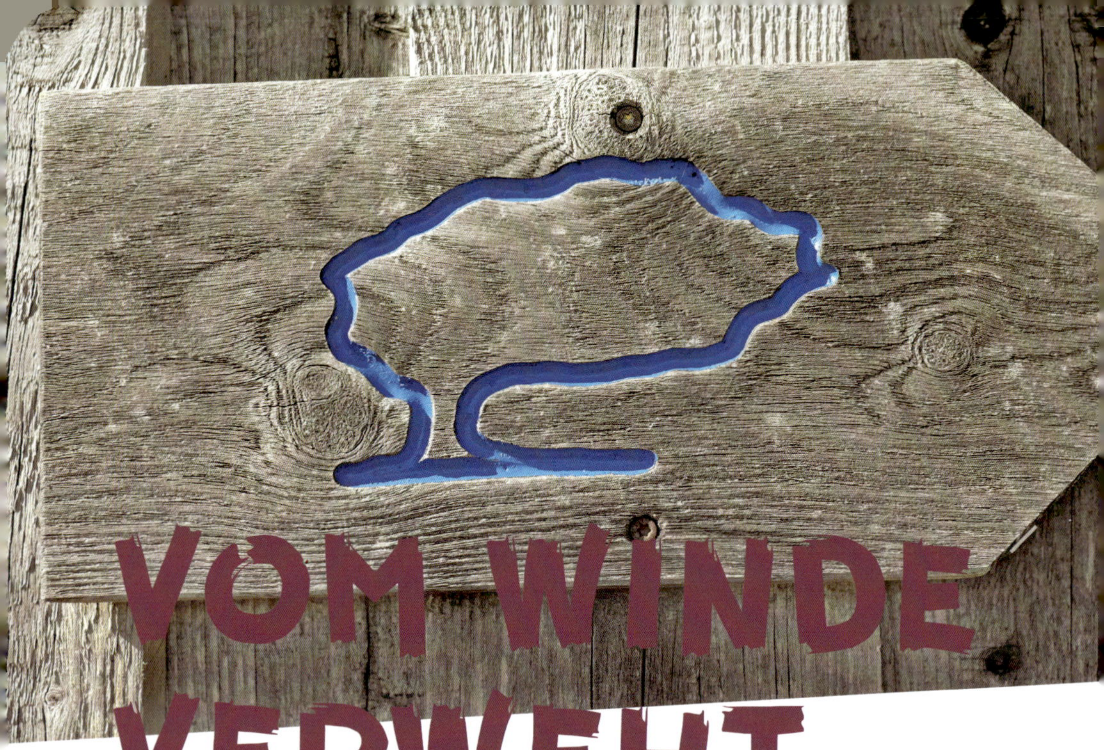

VOM WINDE VERWEHT

… bizarre Baumriesen am Schauinsland

#17

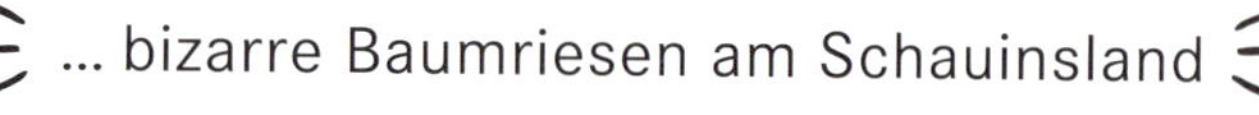

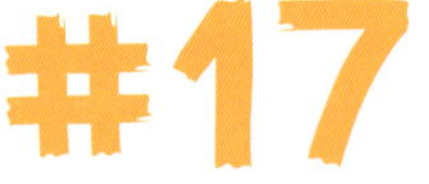

Gesehen hat sie jeder schon mal. Ganz schön schräg stehen sie da. Im Herbst bunt, im Winter weiß. Die Wetterbuchen gehören zum Schauinsland wie das Münster zu Freiburg. Doch was sind das eigentlich für bizarre Bäume?

#BaumEskapade #Naturwunder #Wind&Wetter

Ganz schön schräg: Die Buchen am Schauinsland sind echte Naturwunder.

Mitten auf einer Kuhweide beim Hochebenenhof stehen sie: Eins, zwei, drei, vier, fünf riesige knochige Bäume.

Der Wind hat ihnen ganz schön zugesetzt. Jahrelang. Jahrhundertelang. Immer kommt er von Westen. Er zieht hinauf aus dem Münstertal, um dann kurz vor der Kuppe über die Äste der fünf Buchen zu fegen. Und zwar mit voller Kraft! Das Ergebnis kann man nicht übersehen: Die Bäume sind ziemlich schräg. Vom Winde verweht!

Auf den Höhen des Schauinslands und den Weiden um Hofsgrund stehen viele dieser faszinierenden Bäume. Meist nimmt man sie gar nicht bewusst wahr und fährt einfach an ihnen vorbei. Das haben sie nicht verdient! Immerhin stemmen sie sich seit 200, 300 Jahren mit aller Kraft gegen den Wind. Irgendwann werden sie zusammenbrechen. Höchste Zeit also, diese Buchen zu besuchen! Von der Bergstation des Schauinslands geht es auf dem Panoramaweg über den Bergrücken Richtung Hotel Halde. Links stehen schon die ersten

Raue Rinde, schräge Äste: Diese Buchen muss niemand lange suchen.

Buchen. Im Sommer sind die vielen Blätter saftig grün, im Herbst sind sie herrlich bunt. Und im Winter wird aus dem ganzen Baum ein bizarres Schneekunstwerk.

Nur ein paar Schritte vom Wanderweg, schon steht man neben dem großen Baum. Wie dick der Stamm ist! Und wie die Rinde aus der Nähe aussieht: Rau und rissig, voller Moos und Flechten! Hier spürt man die Kraft der Natur.

Wer die fünf Baumhelden besuchen will, biegt nach dem Skilift rechts ab und geht über die Straße Richtung Hochebenenhof. Dann auf dem Wanderweg hinabsteigen – ja nicht über die Weide abkürzen! Da hat der Bauer etwas dagegen, die Kühe vielleicht auch.

Die Tiere haben übrigens auch ihren Teil dazu beigetragen, dass die Buchen trotz Gegenwind so stark und mächtig sind. Das Vieh frisst nicht nur Gras und Kräuter, sondern auch gerne Blätter und Triebe der jungen Buchen. Die leiden jahrzehntelang unter dem Verbiss. Doch jedes Jahr treiben sie wieder aus und verwachsen

---

Hin & weg: Mit Straßenbahn und Bus nach Günterstal zur Bergstation der Schauinslandbahn, dann in 20 Min. hinauf auf den Gipfel.

Beste Zeit: Bunt im Herbst, weiß im Winter: Die Buchen haben zu jeder Jahreszeit ihren Reiz.

Dauer: Rundweg 2 Std., 6,5 km. Wer will, spaziert von Baum zu Baum. Ausrüstung: Wanderschuhe und Fotoapparat.

Starker Stamm: Ein Baum zum Anfassen.

zum Busch. Der ist irgendwann so breit, dass kein Kuhmaul mehr an die Mitte kommt. Zack, wachsen die Triebe nach oben. Im Laufe der Jahre verbinden sich Stämme und Kronen – das Ganze sieht dann aus wie ein einziger Baum.

Unterhalb des Schauinslandgipfels stehen weitere dieser magischen Bäume. Der Weg zum beliebten Schauinslandturm führt an ihnen vorbei. Man muss nur nach rechts und links in den Wald blicken.

Und wer sich sattgesehen hat, der kehrt im Restaurant Bergstation ein. Dort gibt's zwar keinen Baumkuchen, aber dafür jede Menge andere Leckereien.

DIE SCHAUINSLAND-BUCHEN HABEN HUNDERTE JAHRE AUF DEM KERBHOLZ. WER IHNEN EINMAL NAHE GEKOMMEN IST, WIRD NIE WIEDER ACHTLOS VORBEIGEHEN.

Auf die Pilze, fertig – los!

… beim Pilz-Spaziergang im Stadtwald

#18

Der Herbst ist da! Jetzt ziehen sie wieder los, mit Korb und Messer, durch Wald und Wiesen. In Freiburg können Sammler direkt am Stadtrand auf Pilzjagd gehen. Mit etwas Glück landen Riesenschirmlinge, Pfifferlinge und Steinpilze im Korb – und danach im Topf.

#Schwammerljagd #Pilzkopf #wersuchtderfindet #Glückspilz

Was rot blitzt, bleibt besser im Wald. Die Riesenschirmlinge dagegen dürfen im Topf landen.

Was für ein Teil! Der Riesenschirmling ist so groß wie eine Hand. Manche dieser Prachtexemplare stehen unter den Bäumen, etwas versteckt im Laub, oft nur ein paar Schritte vom Waldweg entfernt. Parasol nennt man die weißen Pilze auch. Sie sind nicht nur schön, sondern schmecken auch noch ziemlich gut. Also rein in den Korb!

Ein Spaziergang durch den bunten Herbstwald macht immer Spaß. Noch mehr, wenn man die Augen offen hält nach kleinen und größeren Pilzen. Der Herbst ist dafür ideal. Pilze brauchen nämlich eine gewisse Bodenfeuchte und eine konstante Luftfeuchtigkeit, um zu wachsen. Zu viel Hitze und trockene Sommer mögen sie gar nicht.

Wer auf Pilzjagd geht, verlässt die Wanderwege und stapft vorsichtig mitten durchs Laub, über Äste und Stämme. Doch wo suchen? Pilzfreunde hüten ihr Revier meistens wie ein Geheimnis. Schließlich will niemand, dass andere die Pilze ernten, bevor man selbst unterwegs ist. Generell gilt: Mischwälder sind ideal! Aber auch auf grünen Wiesen kann man den einen oder anderen Pilz finden.

Aber Achtung: Was man nicht kennt, isst man nicht! Also wird der Pilz erst mal bestimmt, bevor er im Topf landet. Zum Pilzspaziergang gehört deshalb ein gutes Bestimmungsbuch. Noch besser ist es, die Fundstücke einem Experten zu zeigen. Das Museum Mensch und Natur am Augustinerplatz bietet in der Pilzsaison regelmäßige Sprechstunden an.

Weil die wichtigen Bestimmungsmerkmale in der Knolle stecken, hier noch ein Tipp: Wer sich nicht sicher ist, was für ein Pilz da vor ihm steht, schneidet ihn nicht ab, sondern dreht ihn vorsichtig komplett aus dem Boden. Danach ab ins Körbchen, und ja nicht in eine Plastiktüte. Einige Exemplare schimmeln ansonsten schon nach wenigen Stunden.

Wie groß die Sammelleidenschaft auch ist: Mitnehmen darf man laut Gesetz nur »für den persönlichen Bedarf«. Das sind in Baden-Württemberg 1 bis 2 Kilo pro Tag. Dann ist Schluss!

Hin & weg: Zu Fuß durch Wald und Wiesen, und danach zur Pilzsprechstunde ins Museum Natur und Mensch (Gerberau 32).

Beste Zeit: Spätsommer und Herbst, dann wachsen die Pilze.

Dauer: So lange man Geduld hat ...

Ausrüstung: Ein Pilzmesser, ein Korb und ein gutes Bestimmungsbuch.

Schnitzel für Glückspilze

Der Parasol schmeckt unglaublich lecker als »Schnitzelpilz«: Dazu den Hut in der Mitte halbieren, in Mehl, Ei und Semmelbröseln wenden und dann braten – wie ein Schnitzel!

FAZIT: WER AUF PILZWANDERUNG GEHT, KONZENTRIERT SICH AUF DIE KLEINEN GEWÄCHSE AUF DEM WALDBODEN. DAS ENTSPANNT UNGEMEIN!

HINTERM HORIZONT

... bei einer Gipfeltour zum Kybfelsen

Das Herz rast, der Puls pocht. Die Wanderung über Steine und Wurzeln rauf zum Kybfelsen hat es in sich. Doch wer oben ist, fühlt sich wie im siebten Himmel. Hier liegt einem die Welt zu Füßen!

#Gipfelstürmer #Horizonterweitern #Felsbalkon #LiegemitAussicht

→ Abstecher ...

Kategorie Lieblingsliege!

Endstation Günterstal. Hier beginnt das Gipfelabenteuer: Ab jetzt geht's nur noch bergauf. Das Ziel: der Kybfelsen, ein Balkon auf 803 Metern Höhe, mit atemberaubender Sicht. Das alleine reicht als Motivation für den Aufstieg. Der startet unspektakulär, auf einem Waldweg führt einen die gelbe Raute in rund 30 Minuten hinauf zum Waldrestaurant St. Valentin.

Eingekehrt wird später! Erst mal lässt man die Gaststätte links liegen und biegt hinter dem Haus rechts auf einen schmalen, unscheinbaren Pfad ab. Jetzt geht es mitten durch den wilden Wald, über Wurzeln und Baumstämme, Steine und Geröll. Bergauf. Und zwar eine ganze Weile.

Ab und zu fragt man sich, ob man noch richtig ist. Meistens taucht kurz darauf die gelbe Raute wieder auf. So steigt man Meter für Meter dem Ziel entgegen. Es riecht nach Moos und Tannennadeln, die Vögel zwitschern. Kaum zu glauben, dass die Stadt fast direkt hinter den Tannen beginnt.

Wer am Rehagsattel ist, hat den Großteil der Strecke geschafft. Hier startet der Canadian Trail, eine der beliebtesten Mountainbike-Strecken in Freiburg. Wanderer nehmen den Kybfelsensteig (blaue Raute), der führt über Steine und Wurzeln immer dem Ziel entgegen. Sobald sich der Wald lichtet, sieht man endlich die Felsen. Grau und grünbemoost liegen sie vor einem.

Wer Lust hat, klettert zuerst aufs Felsmassiv. Sicht hat man dort nicht, aber man stiefelt über die Reste der Kyburg, die hier im Mittelalter stand. Dann wird es aber Zeit fürs Panorama! Ein paar Schritte sind es weiter auf den Felsbalkon. Tibetische Gebetsfahnen flattern im Wind. Wenn man Glück hat, ist die Holzliege gerade leer. Nichts wie rauf!

Der Blick über Felsen und Berge ist unglaublich. Freiburg liegt einem zu Füßen. Die Vogesen schimmern am Horizont. Wie schön muss hier ein Sonnenuntergang sein! Im Sommer bleibt man einfach liegen ...

Wer genug Kraft getankt hat, wandert den Kybfelsensteig weiter hinab zum Sohlacker

---

Hin & weg: Mit der Straßenbahn-Linie 2 zur Endstation Günterstal, zu Fuß übers Waldrestaurant St.Valentin hoch zum Kybfelsen und zurück.

Beste Zeit: An einem Herbsttag, dann ist man mit Glück alleine dort!

Dauer: 3 Std., 7,3 km Rundwanderung – mit Variationsmöglichkeiten.

Ausrüstung: Wanderschuhe!

Erst hochsteigen, dann hinsetzen: Freiburgs schönster Felsbalkon bezaubert jeden. Nirgendwo sonst liegt einem die Stadt so zauberhaft zu Füßen. Hoch oben am Kybfelsen flattern Gebetsfahnen im Wind.

samt netter Grillstelle. Nun geht's den Schildern nach in 2,5 Kilometern zurück zur Waldgaststätte St. Valentin. Pilger rasteten hier bereits im 17. Jahrhundert. Heute speisen Gäste im romantischen Biergarten oder im gemütlichen Gasthaus. Traditionell isst man leckere Pfannkuchen, die Karte bietet aber noch vieles mehr.

Magen voll, Füße schwer? Glück gehabt: In 20 Minuten ist man wieder unten an der Straßenbahnhaltestelle in Günterstal. Wer noch Power hat, spaziert einfach der gelben Raute nach rüber in den Stadtteil Wiehre.

FAZIT: DER KYBFELSEN IST BELIEBT, UND ZWAR ZU RECHT! DORT OBEN MACHT EINEN DIE AUSSICHT SÜCHTIG. ERST RECHT, WENN MAN DEN FELSBALKON FÜR SICH HAT.

11
VAG SCHAUINSLANDBAHN

→ ABSTECHER …

BAHN FREI

… beim Schlittenfahren auf Freiburgs Hausberg

Kein Winter ohne Holzschlägermatte! Wenn der erste Schnee fällt, geht's hinauf auf den Schauinsland. Generationen von Freiburgern haben dort ihre erste Schlittenpartie erlebt. Eine Fahrt auf dem Schlittenhang neben den Windrädern hat einfach Tradition.

#Schlittenpartie #Winterspaß #Rodelmeister

Schau ins Land: Im Winter ist der Blick von Freiburgs höchstem Punkt wunderschön. Und wer die Schlittenpartie lieber gemütlich mag, nimmt einfach den Lift.

Weiße Tannen, hohe Berge – und tief unten im Tal Freiburg. Schlitten fahren an der Holzschlägermatte ist einfach genial. Und noch dazu kinderleicht. Alles, was man braucht, ist ein Schlitten – und die richtige Technik, um das Teil durch den Schnee zu steuern. Als wir noch klein waren, haben uns die Eltern hier oben immer gewarnt: »Unten bremsen, sonst landest du im Bach!«

Achtung, fertig – los! Der Schlitten saust über den Schnee. Was für eine Gaudi! Nach 30 Sekunden ist die wilde Fahrt dann leider schon vorbei, zum Glück nicht im Bach. Jetzt heißt es hochstapfen, samt Schlitten. Ein bisschen Fitnessprogramm tut gut, denn wer sich nicht bewegt, hat ruckzuck eiskalte Füße. Rauf, runter, rauf, runter: So geht das eine ganze Weile.

Wem es trotz der Action irgendwann zu kalt wird, der freut sich vielleicht über diesen wirklich heißen Tipp: das sehr gemütliche Berggasthaus Holzschlägermatte.

Schlitten fahren auf der Holzschlägermatte gehört auf jede Winter-Bucket-List. Die legendäre Wiese auf 835 Metern Höhe liegt relativ schneesicher, direkt an der Schauinslandstraße. Viel besser als mit dem Auto fährt man aber mit der Schauinslandbahn hinauf. Die Fahrt hoch ist wunderschön.

Nirgendwo sonst ist der Winter romantischer als in einer schwebenden Gondel, hoch über den schneebedeckten Tannen. Von der Bergstation spaziert man dann in einer guten halben Stunde hinunter. Noch besser: man rodelt (gelbe Raute)!

An schönen Winterwochenenden kann es auf den Schlittenpisten etwas enger zugehen. Macht aber nichts. Wer schnell ist, fährt den anderen einfach davon! Wer partout keine Lust hat, den Schlitten zu ziehen, der rodelt einfach in der Nähe der Bergstation, am Hang über

---

Hin & weg: Mit der Schauinslandbahn hochschweben, dann eine halbe Stunde Fußweg zur Holzschlägermatte bei den Windrädern. Alternativ mit dem Auto.

Beste Zeit: Wenn der erste Schnee liegt.

Dauer: Bis man durchgefroren ist.

Ausrüstung: Schlitten jeder Art.

Hofsgrund. Dort gibt's einen Schlittenlift – und sogar Schlitten zu leihen.

Wenn der Winter erst die Stadt unten erreicht hat, findet man auch dort Schlittenpisten. Kurz, aber schön und mit guter Sicht auf Freiburg fährt man zum Beispiel auf der Panoramawiese an der Eichhalde (Hebsackwiese). Und wer im Sommer trainieren will: In Oberried im Steinwasenpark gibt's eine Sommerodelbahn. Na dann, Bahn frei!

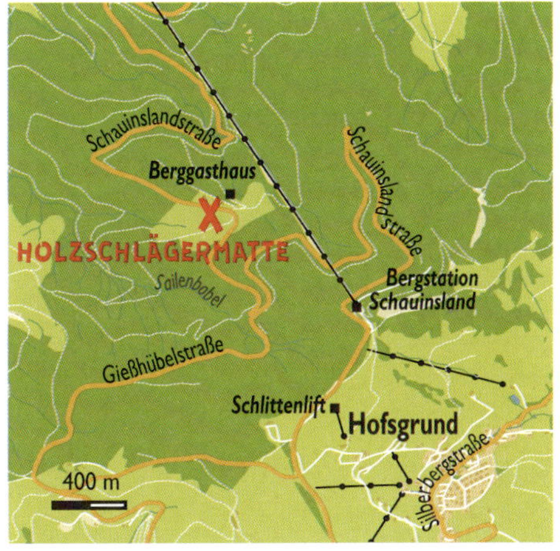

FAZIT: EIN GEHEIMTIPP IST DIE HOLZSCHLÄGERMATTE NICHT, ABER ALLEINE DURCH IHRE LAGE GEHÖRT SIE FÜR JEDEN SCHLITTENFAN INS WINTERPROGRAMM.

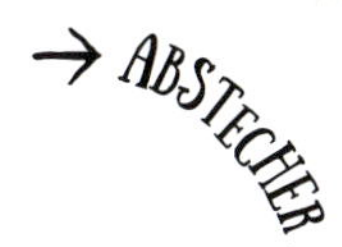

Eiszeit unter freiem Himmel

#21

»Die Eisschicht ist dick genug!« Wenn die Stadt Freiburg das meldet, dann wird es allerhöchste Zeit, die Schlittschuhe zu packen. Auf dem Waldsee im Osten der Stadt wird dann ein Wintermärchen wahr!

#DankeWinter #Pirouettenspaß #eiskaltesVergnügen #heißaufsEis

Winterzeit ist Waldseezeit: Wenn das Eis dick genug ist, Schlittschuhe einpacken und rauf auf den See. Schöner Eislaufen geht nicht!

Kriiickk! Die Kufen schlittern über das Natureis. Rechts, links, rechts, links. Die Nase ist kalt, das Herz warm. Der Tanz auf dem Eis des Waldsees ist das Schönste, was der Winter in Freiburg zu bieten hat.

Anfangs steht man noch etwas wackelig auf den Beinen, doch schnell hat man den Dreh wieder raus. Die Schlittschuhe gleiten wie von alleine über den glatten Untergrund. Jetzt kommt die Herausforderung: Die erste kleine Pirouette. Klappt – wohooo! Danke, Winter!

Schon seit Generationen treffen sich die Freiburger auf dem zugefrorenen See am Waldrand. Für viele gehört das Schlittschuhlaufen unter freiem Himmel zu den schönsten Kindheitserinnerungen. Immer mit dabei: dicke Handschuhe, Kekse und eine Thermoskanne voll mit heißem Tee. So wird der Eiszauber am Waldsee auch heute noch zu einem Winter-Höhepunkt!

Zu zweit Hand in Hand schlittern, einsame Runden drehen, Eisstockschießen oder mit Schläger und Puck übers Eis jagen: Auf dem zugefrorenen Waldsee ist alles erlaubt. Der Wintertraum braucht allerdings eisige Temperaturen. Nur dann wächst die Eisschicht. Mehr als zehn Zentimeter dick muss das Eis sein, damit die Stadt Freiburg den Waldsee freigibt. Dann darf der See betreten werden – auf eigene Gefahr natürlich.

Wer auch bei mildem Wetter Pirouetten drehen will, für den gibt es einen eiskalten Tipp im Freiburger Westen: Ewige Eiszeit herrscht an der Ensinsheimer Straße im Stadion des EHC Freiburg. Der Eishockeyverein gibt seine Bahn von

Oktober bis April regelmäßig fürs Publikum frei. Wer Schlittschuh laufen möchte, wo sonst die »Wölfe« trainieren, ist hier genau richtig. Schlittschuhe können vor Ort gegen Gebühr ausgeliehen werden (www.ehcf.de/eislaufen).

FAZIT: HEIßER TIPP FÜR KALTE WINTERTAGE! DEN SCHLITTSCHUHTRAUM AUF DEM WALDSEE DARF MAN NICHT VERPASSEN.

Hin & weg: Mit der Straßenbahn-Linie 1 zur Musikhochschule, dann weiter zu Fuß zum Waldsee.

Beste Zeit: Eisige Wintertage.

Dauer: Bis die Hände eiskalt sind.

Ausrüstung: Schlittschuhe, Handschuhe und Mütze; warmer Tee und Kekse schaden auch nie.

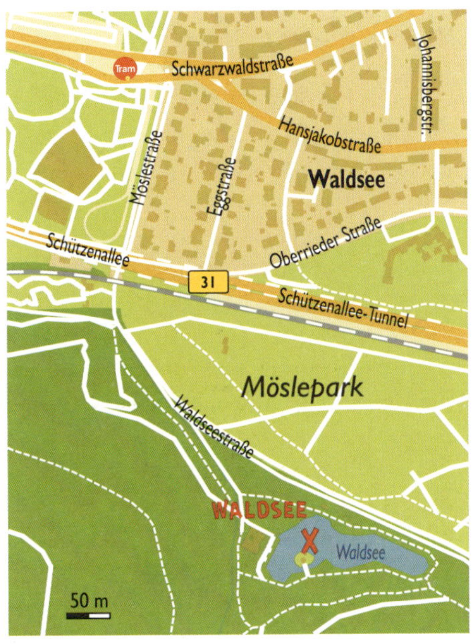

2. KAPITEL AUSFLÜGE

#26 ← PSSST! GEHEIMTIPP!

#38

#34

#36

#29

#27

#39

#40

#30 #24

#31

#25

GOLDRAUSCH AM RHEIN

#37 ← NIX ZU MECKERN

#35

#28

#41

#23

#42

#32

#33

#22

Raus für einen Tag

Raus aus der Stadt – rein ins Abenteuer! Goldwaschen im Rhein, Ziegenwandern im Münstertal oder eine Abendtour am Kandel? Einen Tag den Akku aufladen!

12H

#22	... von Weil am Rhein nach Riehen	Seite 96
#23	... beim Wasserfallsteig im Schwarzwald	Seite 100
#24	... in Freiburg-Günterstal	Seite 104
#25	... zum Feldberg	Seite 108
#26	... im Naturschutzgebiet Taubergießen	Seite 112
#27	... im Lilienthal am Kaiserstuhl	Seite 116
#28	... im Markgräflerland	Seite 120
#29	... in Waldkirch	Seite 124
#30	... von Freiburg nach Staufen	Seite 128
#31	... entlang der Dreisam nach Riegel	Seite 132
#32	... auf dem Schluchsee	Seite 136
#33	... auf dem Rhein bei Istein	Seite 140
#34	... am Siebenfelsen im Elztal	Seite 144
#35	... in Badenweiler	Seite 148
#36	... im Kaiserstuhl	Seite 152
#37	... im Münstertal	Seite 156
#38	... in Endingen am Kaiserstuhl	Seite 160
#39	... am Kandelfelsen im Elztal	Seite 164
#40	... zwischen St. Peter und St. Märgen	Seite 168
#41	... auf dem Belchengipfel	Seite 172
#42	... bergab nach Todtnau	Seite 176

OPEN-AIR-DESIGN-MUSEUM

... Kunstwandern von Weil am Rhein nach Riehen 

#22

Normalerweise steht Kunst im Museum oder hängt in Galerien. In Weil am Rhein findet man sie draußen, zwischen Weinstöcken und Maisfeldern. 24 poppige Wegweiser verbinden zwei international bekannte Museen – und Deutschland mit der Schweiz.

#24Stopps #Kunst&Natur #Grenzgänger #bunteWelt

Zum Hinpflanzen:
Designer-Stühle auf der Wiese.

Vom Vitra-Design-Museum in Weil am Rhein haben viele schon mal gehört. Das extravagante Bauwerk von Frank O. Gehry zieht Architekturfans aus der ganzen Welt ins Dreiländereck. Noch viel bekannter sind die unverwechselbaren Stühle vom Designer-Traumpaar Charles und Ray Eames. Hier stehen die Designmöbel einfach so rum, draußen auf der Wiese.

Und wer genau hinschaut, sieht noch viel mehr Kunstwerke in der Natur. Geschaffen vom deutschen Künstler Tobias Rehberger, führen sie entlang des Rehberger-Wegs vom Vitra-Design-Museum in Richtung Schweizer Grenze. Die meisten sind ziemlich bunt, manche skurril, andere funktional, und einige geben sich erst gar nicht als Kunstwerk zu erkennen. Zum Glück zeigt die Wanderkarte aus dem Vitra-Haus jeden Stopp genau an. Doch was heißt das denn eigentlich: Kunst?

Der Pop-Art-Spaziergang beginnt an der Charles-Eames-Straße. Eine postmoderne Straßenlaterne macht neugierig. Und auf den zweiten Blick entpuppt sich das Teil als eine

Glocke. Anfassen ist erlaubt, und mit dem Startsignal geht's los! Der fünf Kilometer lange Kunstweg führt über die Straße, den Feldweg entlang. Die nächste Installation strahlt knallgelb am Wegesrand: ein Vogelhäuschen als Farbtupfer vor dem blauen Himmel. Ob wohl jemand drin wohnt? Oder soll gar niemand drin wohnen?

Nur ein paar Schritte weiter wird es richtig bunt. Stelen in blau, rot, lila ragen in den Himmel, direkt am Rand eines Maisfelds. Kunst mitten in der Natur – zum Anfassen, zum Mitmachen. Kunst, die irritiert und provoziert. Und selbst der Bauer, der hier sein Maisfeld beackert, kommt nicht an ihr vorbei.

Durch die Weinberge geht der Weg hinauf auf den Tüllinger Berg. Der Aufstieg lohnt sich. Was für ein Panoramablick aufs Dreiländereck! Rechts das Vitra-Werksgelände mit seinen Designbauten, dahinter Basel mit dem

---

Hin & weg: Am einfachsten mit dem Auto zum Vitra-Campus (Charles-Eames-Str. 2, Weil am Rhein). Alternativ mit dem Zug (15 Minuten Fußweg vom Bahnhof).

Beste Zeit: Wochenende – dann fährt ein Shuttlebus zwischen Vitra-Campus und Fondation Beyeler, perfekt für den Rückweg. Angeboten werden auch geführte Spaziergänge mit Experten (www.24stops.info).

Dauer & Strecke: 5 km, 1,5 Std reine Gehzeit. Mit den Museen verbringt man hier locker einen ganzen Tag.

Ausrüstung: Eine kostenlose Wanderkarte gibt's im Vitra-Haus; alternativ die »24 Stops App« runterladen. Pass für den Grenzübertritt. Im Sommer: Badesachen.

Pop-Art am Wegrand:
Vogelhaus und Pausenbank.

Roche-Hochhaus, und im Elsass die Vogesen. Dazu immer wieder neue Wegmarken von Rehberger: ein Fernglas, eine Straßenlaterne, ein Brunnen …

Die Zeit verfliegt. Raus aus dem Weinberg geht's weiter durch den Ortskern von Weil. Jetzt ist es auch nicht mehr weit bis zum Grenzübergang. Also schnell rüber nach Riehen in die Schweiz. Wer an einem schönen Sommertag unterwegs ist, sollte unbedingt einen 25. Stopp machen, und zwar im wunderschönen Naturbad Riehen. Dort auf dem Dach steht eine besondere Rehberger-Installation. Sieht aus wie eine Bahnhofsuhr, doch das Warten auf die volle Stunde lohnt sich. Dann werden die Zeiger zu Schnäbeln und klappen auf und zu. Kuckuck!

Beim Naturbad ist der Weg fast geschafft. Über die Brücke geht's weiter Richtung Fondation Beyeler. Im Garten der weltbekannten Kunstsammlung warten drei weitere Rehberger-Stopps, und drinnen im Museum Picasso und Monet, Warhol und van Gogh. An der Wand oder hinter Glas. So wie Kunst im Museum eben sein muss. Oder etwa nicht?

FAZIT: BEIM KUNSTSPAZIERGANG ZEIGT SICH DAS DREILÄNDERECK VON SEINER SCHÖNSTEN SEITE. DIE KOMBI AUS NATUR, DESIGN UND KUNSTWERKEN IST EINFACH GENIAL – UND IN DIESER ART WOHL EINZIGARTIG.

ABKÜHLUNG GEFÄLLIG?

... auf dem Wasserfallsteig im Schwarzwald

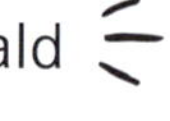

Wasserratten aufgepasst: Der Wasserfallsteig führt über schmale Pfade vom Feldberg hinab nach Todtnauberg – und zu zwei gurgelnden Naturwasserfällen. Wer Abkühlung sucht, ist hier genau richtig.

#Wassermarsch #Naturpur #Klimaanlage

Coole Sache: Wandern für Wasserratten.

Die Sonne brennt. Selbst hier oben an der Feldbergpasshöhe ist es im Sommer ganz schön heiß. Da kann eine Abkühlung nicht schaden! Also Badesachen in den Rucksack und los geht's auf den Wasserfallsteig.

Der Einstieg ist schnell gefunden, der Steig gut ausgeschildert. Am Hebelhof, beim Häuschen der Bergwacht, startet der Pfad. Er führt zuerst hinab zur Quelle der Wiese. Wer dort ankommt, wundert sich: Das soll die Wiese sein? Kaum zu glauben, dass aus dieser Pfütze der breite Fluss wird, der dem Wiesental seinen Namen gab.

Den ersten Höhepunkt hört man hingegen schon von Weitem: Im schattigen Wald stürzt der Fahler Wasserfall über mehrere Kaskaden in die Tiefe. Für Wanderer geht's über Felsen und Steine hinab, immer am Wasser entlang. Das wirkt wie eine natürliche Klimaanlage. Und der Wasserfall erst! Wer direkt an den Rand der Felsen tritt, spürt die Gischt im Gesicht. Besser kann man seinen Körper nicht runterkühlen. Jetzt noch die heißen Wanderfüße ins Wasser – perfekt!

Nach der coolen Pause geht die Wanderung weiter, über Kräuterwiesen und Kuhweiden

Plitsch-Platsch: Auf dem Wasserfallsteig geht's mitten rein ins Wasser.

bis nach Todtnau. Hier führt der Weg mitten durch den Ort. Ideal also für eine weitere Rast.

Dann wird erst mal ordentlich geschwitzt, denn der Weg geht steil hinauf Richtung Todtnauberg. Die Anstrengung lohnt sich, denn das nächste Ziel hat es in sich: Der Todtnauer Wasserfall ist mit 97 Metern der höchste Naturwasserfall in Baden-Württemberg. Schon bald sieht man ihn zwischen den Bäumen glitzern. Nur noch ein paar Minuten, dann steht man auf einer Brücke mitten im Wasserfall.

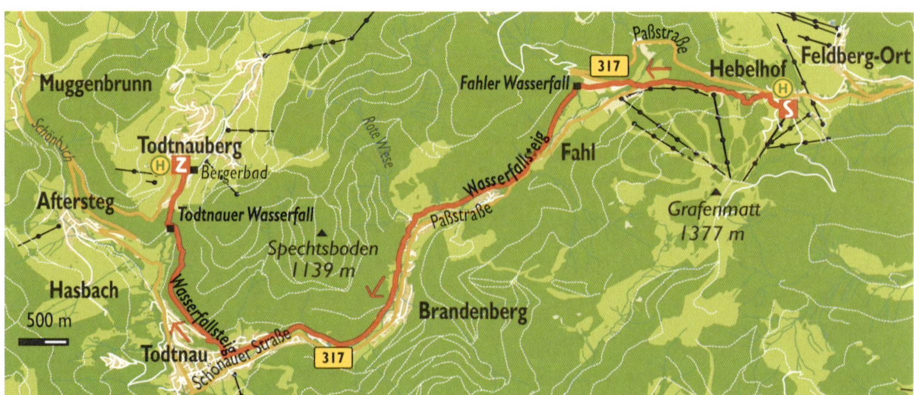

Von unten sprudelt der Fahler Wasserfall selbst im heißen Hochsommer.

Über einem stürzt das Wasser tosend die Felswand hinab. Wassernebel legt sich auf die Haut. Wenn die große Panoramaliege am Rand des Wasserfalls gerade frei ist, dann heißt es schnell sein! Von dort blickt man hinauf ins glitzernde Nass – oder schließt die Augen und hört einfach nur zu. Schöner kann man den Wasserfall nicht genießen.

Halt, vielleicht doch! Wer sich traut, zieht Schuhe und Wanderoutfit aus und steigt in Badesachen ins kühle Wasser.

Nach der Badepause geht's dann nochmal ordentlich nach oben, über Treppen und heißen Asphalt bis zum Luftkurort Todtnauberg. Dort darf man sich dann nochmal abkühlen – im höchstgelegenen Freibad Deutschlands, dem wunderschönen Bergerbad.

FAZIT: WER ABKÜHLUNG UND ABENTEUER SUCHT, IST HIER GENAU RICHTIG. WER IM WINTER KOMMT, WIRD STAUNEN: IN EISIGEN NÄCHTEN GEFRIERT DER TODTNAUER WASSERFALL ZUM BIZARREN EISKUNSTWERK.

Hin & weg: Mit der Bahn von Freiburg nach Titisee, weiter mit dem Bus Richtung Todtnau/Zell im Wiesental – aussteigen am Hebelhof am Feldbergpass. Von Todtnauberg »Sternen« geht's dann mit dem Bus über Kirchzarten zurück nach Freiburg.

Beste Zeit: Mai–Oktober.

Dauer & Strecke: 4–5 Std., 13,6 km (gut ausgeschildert).

Ausrüstung: Wanderschuhe und Badesachen (zumindest im Sommer ...).

FORSCHEN IM WALD-LABOR

… rund ums Waldhaus in Freiburg-Günterstal 

#24

Wer das Waldhaus noch nicht kennt, hat echt was verpasst. Nur fünf Minuten zu Fuß von der Haltestelle Wonnhalde in Günterstal – und schon ist man mittendrin im Abenteuerwald. Dort gibt's so viel zu entdecken: Holzskulpturen, Forscherrucksäcke und Deutschlands höchsten Baum.

#Abenteurwald #Waldmenschen #wilderWald

Hier wachsen Pilze aus Holz und Kiefern mit Schild.

Direkt hinter dem Waldhaus in Günterstal beginnt das Abenteuer. Ein schmaler Pfad führt hinauf in den wilden Stadtwald. Und der steckt voller Überraschungen. Zwischen den Bäumen schaut plötzlich ein Holzgesicht hervor, mit großen Augen und langer Nase. Der Freiburger Holzkünstler Thomas Rees hat die Waldmenschen geschaffen, aus alten, knarzigen Bäumen. Zuerst mit der Motorsäge, dann mit Hammer und Stemmeisen. 18 seiner Skulpturen stehen versteckt im Wald – gruselige Holzköpfe, märchenhafte Zauberer, ein Einhorn, ein Drache, Schneewittchen und die Zwerge … Schnell verirrt man sich zwischen Bäumen und Waldmenschen. Doch keine Sorge, der Skulpturenpfad führt zielsicher alle wieder zurück.

Nicht nur Waldmenschen stehen zwischen den Bäumen, sondern auch riesige Holzpilze. Der größte ist vier Meter hoch und wiegt fünf Tonnen. Wer das Geheimnis der Pilze lüften will, ist auf dem Mycelium-Pilzlehrpfad mit den vielen Infotafeln genau richtig.

Der Forscherrucksack hat es in sich: Becherlupe und Bestimmungskarte kommen im Waldlabor direkt zum Einsatz.

Wer will selbst mal etwas aus Holz schaffen? Das Waldhaus bietet verschiedene Kurse. Ein Besuch dort gehört auf jeden Fall dazu. Sonntags gibt's Kaffee und Kuchen, immer viele Tipps, Karten und Flyer. Und den Forscherrucksack. Wer den samt Lupe, Bestimmungsbuch, Kescher und Schnitzmesser ausleiht, kann direkt im Wald experimentieren. Und das begeistert nicht nur Kinder.

Mit dem Rucksack ausgestattet, spaziert man auf einem breiten Weg immer tiefer in den Wald. Rechts und links stehen Bäume, viele mit Schildern am Stamm. Das Stadtwald-Arboretum erklärt Waldfreunden, was so alles im Wald wächst, zum Beispiel der Tulpenbaum oder die Pinus-Sylvestris-Kiefer. Und was sind das für rote Beeren? Schnell die Bestimmungskarte ausgepackt, schon weiß man mehr. Der nächste Stopp wartet gleich um die Ecke: Mitten im Wald hängen Hängematten aus Holz. Wer möchte, nimmt sich ein Buch aus dem öffentlichen Bücherschrank und

---

Hin & weg: Mit der Straßenbahn-Linie 2 Richtung Günterstal bis Haltestelle Wonnhalde, dann zu Fuß 5 Min. zum Waldhaus (Wonnhaldenstraße 6).

Beste Zeit: Geht immer! Im Sommer gibt's viel Schatten, sonntags hat das Waldhaus-Café geöffnet (Öffnungszeiten auf www.waldhaus-freiburg.de). Unbedingt auch einen Blick ins Jahresprogramm werfen.

Dauer & Strecke: Skulpturenpfad 2 km, 0,5 Std.; Rundweg zu Waldtraut 4 km, 2 Std. Flyer mit diesen und weiteren Wanderstrecken gibt's im Waldhaus.

Ausrüstung: Wanderschuhe; die Wege eignen sich auch für Kinderwagen.

Waldtraut ist die Größte: Wer die 65,5 Meter hohe Douglasie kennenlernen will, marschiert am Waldhaus einfach los.

klettert rauf auf die Holzschaukel. So einfach geht Entspannen!

Weiter geht's zu einem echten Natur-Promi. Am Waldhaus startet auch der Weg zu Freiburgs berühmtestem Baum. Immer den Schildern nach hinauf zum Illerberg und zu Waldtraut vom Mühlwald (vier Kilometer, zwei Stunden). Waldtraut ist echt die Größte: Mehr als 65,5 Meter misst die Douglasie, die seit 100 Jahren im Stadtwald steht. Damit ist sie Deutschlands höchster Baum. Und Waldtraut wächst immer weiter – 30 Zentimeter pro Jahr. Wenn das mal nicht einen Besuch wert ist!

FAZIT: OB ALLEINE ODER MIT DER FAMILIE: DAS WALDHAUS AM STADTRAND FREIBURGS BIETET SO VIELE MÖGLICHKEITEN. HIER IST SCHNELL EIN GANZER TAG VORBEI.

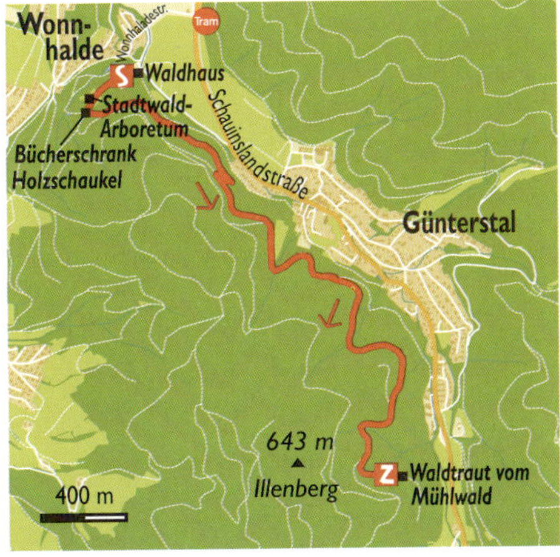

HOCH-GONDELN & RUNTER-SAUSEN!

... bei der Radrundtour zum Feldberg

#25

Diese Radtour hat es auf den ersten Blick ganz schön in sich: 55 Kilometer, 650 Höhenmeter und zwei Gipfel. Trotzdem ist diese Panoramatour locker zu schaffen. Denn hinauf geht's entspannt – mit dem Rad in der Schauinslandbahn.

#Gipfelglück #Radrundreise #Hochgondeln

Ganz hoch hinauf: Radelnd zum Feldbergturm.

Die Häuser von Freiburg werden immer kleiner. Schnell steigt die Gondel der Schauinslandbahn nach oben. Nur knapp 20 Minuten, und schon ist Freiburgs höchster Punkt erreicht. Das Fahrrad schwebt einfach in der Gondel mit hinauf. So einfach kann hier jeder Höhenmeter machen!

Oben angekommen, ist der Name Programm. Mit herrlichem Weitblick in die Rheinebene startet die Panorama-Radtour. Doch die Fahrt geht in die andere Richtung. Erst mal wird Hofsgrund anvisiert, dann radelt man leicht bergab zum Notschrei, immer den Schildern nach.

Am Notschreihotel biegt man das erste Mal ab, und zwar links in Richtung Biathlon-Anlage. Die Waden merken es, der Puls auch: Jetzt geht's auf dem Gipfeltrail hinauf Richtung Stübenwasen, den Feldberg vor Augen. Ganz ohne Steigung ist der höchste Schwarzwaldgipfel leider nicht zu erreichen. Beim Berggasthaus Stübenwasen lockt dann die erste Rast. Badische Spezialitäten und eine kühle Apfelschorle erwarten den Radler. Wer noch keine Pause machen will, radelt einfach weiter Richtung Feldberg. Nächstes Einkehrziel: die Todtnauer Hütte, direkt unterhalb des Feldberggipfels.

Am Feldberg kann es auf den Radwegen etwas voller werden, vor allem an sonnigen Sonntagen, wenn auch noch viele Wanderer und Spaziergänger unterwegs sind. Wer kann, weicht aus – und zwar auf einen Wochentag.

Unbedingt mitnehmen: Den Abstecher von der Todtnauer Hütte zu Fuß hinauf auf den 1493 Meter hohen Gipfel. Noch besser: mit dem Rad hochfahren – auch wenn so noch ein paar Höhenmeter mehr hinzukommen. Dafür fährt man erst mal weiter Richtung Feldbergturm, um dann kurz davor links auf den geteerten Franz-Klarmeyer-Weg abzubiegen. Der führt direkt zum Gipfel. An klaren Tagen kann man von dort die Alpen mit ihren schneebedeckten Gletschern sehen. Wer Glück hat, erkennt sogar Eiger, Jungfrau und Mönch.

Hin & weg: Mit dem Rad zur Talstation der Schauinslandbahn – dann hinaufschweben! Über Stübenwasen, Feldberg, Rinken und Oberried zurück in die Stadt.

Beste Zeit: Mai–Oktober.

Dauer & Strecke: 5 Std. Fahrzeit, 55 km, 650 Höhenmeter hoch, 1650 Höhenmeter runter.

Ausrüstung: Mountainbike oder E-Bike – ob Sportler oder Genießer: beide fahren mit Helm!

Übrigens: Wer die Räder in die Schauinslandbahn laden will, braucht keine Reservierung, aber ein Ticket (www.schauinslandbahn.de). Die Tour ist nicht für schmale Rennradreifen geeignet.

Am Feldberg radelt man mit Panoramablick.

Vom Gipfel geht's dann komplett auf Teer abwärts bis zur Talstation und weiter bis zum nächsten Stopp: dem Raimartihof. Spätestens hier hat man sich jetzt das leckere Stück Schwarzwälder Kirschtorte verdient – und danach den Abstecher zum herrlichen Feldsee.

Ausgeruht und gestärkt geht es dann auf einem einfachen Waldfahrweg rund 150 Höhenmeter hinauf zum Rinken. Ist dieser Anstieg geschafft, kommt der gemütlichste Teil der Tour:

FAZIT: MODERATE ANSTIEGE, KEINE SCHWIERIGEN PASSAGEN, VIEL ASPHALT UND WALDSCHOTTERWEGE: DIESE GIPFELTOUR SCHAFFT MIT EIN BISSCHEN KONDITION – ODER ELEKTRISCHER UNTERSTÜTZUNG – JEDER!

Auf der alten Straße ganz ohne Verkehr fährt das Rad von alleine hinab durch das Zastler Tal bis Oberried. Von dort rollt man immer weiter, durch das Dreisamtal bis nach Freiburg.

BADISCHER AMAZONAS

... im Naturschutzgebiet Taubergießen

#26

Klares Wasser, grüne Schlingpflanzen, türkisfarbene Libellen – und mittendrin ein einsames Kanu. Im Naturschutzgebiet Taubergießen fühlt man sich wie im Urwald. Bei diesem Paddeltag taucht man ein in den badischen Amazonas.

#Paddeltour #Naturpur #wieimUrwald #badischerAmazonas

Wie im Urwald: Auf dem Taubergießen ist die Welt noch in Ordnung.

Die Paddel stechen ins klare Wasser. Langsam zieht das Kanu mit der Strömung dahin. Wie ruhig es hier ist! Am Einstieg in Rust hörte man noch die Schreie aus der Achterbahn. Und jetzt? Nur ein Frosch quakt irgendwo im Schilf. Und ein Specht ruft: Poch, poch, poch!

Unter Wasser ziehen riesige Regenbogenforellen ihre Kreise. Und über dem Wasser tanzen Hunderte türkisfarbene Libellen.

Immer weiter wird gepaddelt. Was versteckt sich wohl hinter der nächsten Kurve? Seit 1979 steht das Taubergießen unter Naturschutz. Zwölf Kilometer ist das ganze Gebiet lang: eines der größten Naturschutzgebiete Baden-Württembergs. Besucher werden hier normalerweise mit großen Stocherkähnen durch die Natur geschippert. Doch man kann das Naturschutzgebiet auch einfach selbst mit dem Kanu erkunden.

Ein Paddeltag im Taubergießen ist ein unvergessliches Abenteuer. Vom Boot aus hat man eine ganz besondere Perspektive auf Tiere und Pflanzen. Hören, sehen, riechen: Alle Sinne sind hier im Einsatz. Kaum zu glauben, dass man hier in Südbaden ist! Lianen hängen ins Wasser. Vögel trällern. Das Wasser schimmert türkis-blau. Wie im Urwald!

An einem heißen Sommertag bläst einem der Wind warm ins Gesicht. Doch zum Glück ist es unter den großen Bäumen herrlich schattig, das Wasser kühlt wie eine Klimaanlage. Schwimmen ist hier zwar verboten – wie schade –, aber die Arme abkühlen ist erlaubt. Das tut gut!

Da! Ein blauer Eisvogel. Blitzschnell fliegt der herrliche Vogel über das Kanu hinweg. So schnell kann die Kamera gar nicht gezückt werden. Macht aber nichts! Die Stockenten haben es nicht so eilig. Sie lassen sich gar nicht stören. Auch der Graureiher bleibt un-

---

Hin & weg: Am besten mit dem Auto bis nach Rust, dort zur Zuckerbrücke im Naturschutzgebiet Taubergießen (beim Europa-Park). An der Gifizbrücke kann man sich dann wieder abholen lassen.

Beste Zeit: April–Oktober; im Sommer bietet sich dem Paddler viel Schatten, im Herbst die bunte Farbenpracht.

Dauer & Strecke: 8 km, 3 Std. reine Paddelzeit.

Ausrüstung: Kanu, Schwimmweste, Paddel, wasserdichte Tonne, Karte. Kann alles geliehen werden, inklusive Transfer, zum Beispiel bei www.kanutour24.de. Wer nicht im Kanu paddeln will, lässt sich einfach mit dem Stocherkahn durch das Naturschutzgebiet chauffieren. Mehr unter www.rust.de

---

Besuch von der Nutria, Pause am einsamen Steg – was für ein Paddel-Tag!

beeindruckt. Viele Wasservögel sind hier zu Hause, andere rasten im Taubergießen auf dem Weg nach Süden. Deswegen sind die Nebenarme des Altrheins für Boote gesperrt; dort sollen die Tiere in Ruhe brüten können.

Der Hauptstrom ist für Paddelboote freigegeben. Und den kann man nicht verfehlen: Es geht immer mit der Strömung abwärts. Eine Karte schadet aber nicht, für alle Fälle.

Huch! Was schwimmt denn da vorne? Ein Biber? Schnell die Paddel ins Boot und ruhig verhalten. Oder ist es eine Nutria? Auch Biberratten schauen sich gerne neugierig die Besucher an, verschwinden aber meist schnell wieder irgendwo unter den Ästen im Auwald.

Wer zur richtigen Zeit kommt (etwa Mai, je nach Wetter und Temperatur), sieht die Seerosen blühen. Und im Wasser wächst der Wasserhahnenfuß. Der hat es in sich: Passt man nicht auf, hat man sich ratzfatz darin festgefahren. Dann hilft nur noch, langsam rückwärts zu paddeln. Denn wer zu schnell am Paddel zieht, geht mitten im badischen Amazonas baden!

FAZIT: RUST HAT VIEL MEHR ZU BIETEN ALS DEUTSCHLANDS GRÖßTEN FREIZEITPARK. EIN PADDELTAG IM TAUBERGIEßEN IST PURE ENTSCHLEUNIGUNG – DAS VERGISST KEINER SO SCHNELL WIEDER!

AUF FOTOSAFARI

… im Liliental am Kaiserstuhl

#27

Botanikfans aufgepasst: Mitten am Kaiserstuhl gibt's nicht nur Reben. Versteckt im Liliental bei Ihringen wachsen wilde Orchideen, exotische Grünpflanzen und gigantische Mammutbäume. Kamera einpacken und hinfahren!

#Klick #Fotojagd #Grünzeug #FlowerPower

Violetter geht nicht: Wilde Orchideen leuchten im Grünen.

Wie wunderschön leuchtet dieses knallige Violett zwischen den grünen Grashalmen? Ranzoomen – und abdrücken.

So herrliche Orchideen hat man schließlich nicht oft vor der Linse. Wie im Blumenladen sehen die allerdings nicht aus. Sind ja auch wilde Orchideen! Rund 20 verschiedene Arten wachsen hier im sonnigen Liliental bei Ihringen. Manchmal blühen bis zu 1000 Blumen. Und es werden immer mehr ...

Seit das Liliental vor rund 50 Jahren zum forstwirtschaftlichen Versuchsgelände wurde, breiten sich die besonderen Blumen immer weiter aus. Welche Bedingungen brauchen Orchideen? Wie sieht der Wald der Zukunft aus? Wie können seltene Sträucher und Bäume erhalten werden?

Das und noch viel mehr untersucht die Forstliche Versuchs- und Forschungsanstalt Freiburg, die im Liliental einen englischen Park mit seltenen Bäumen und Pflanzen angelegt hat. Am Eingang im kleinen Schlösschen der ehemaligen Hofanlage liegt die Gaststätte Lilienhof (www.lilie-liliental.de); dort kann man herrlich einkehren.

Drei ausgeschilderte Themenrundwege (zwei bis 5,5 Kilometer) mit vielen Infotafeln führen durch den Park. Am besten lässt man sich samt Kamera einfach treiben, verirren kann sich hier niemand. Und es gibt so viel zu fotografieren! Nicht nur Botanikfans werden staunen, was hier so alles wächst.

Skandinavische Birken, große Adelige Eiben und seltene Speierlinge. Riesige Pusteblumen, saftig grüne Kleeblätter und lila Glockenblumen. Dazwischen flattern Schmetterlinge, summen Bienen, zwitschern Vögel. Wer Glück hat, dem huscht sogar eine grüne Smaragdeidechse vor die Linse. Motive gibt es unendlich viele. Doch Achtung: Auf der Jagd nach dem schönsten Foto unbedingt auf dem Weg bleiben, um Pflanzen und Tiere zu schützen. Keine Angst, die Stars des Lilientals verpasst trotzdem niemand! Denn alle Wege führen zu den Mammutbäumen. Ihre Samen kommen aus Kalifornien, 1956 wurden sie in Stuttgart

---

Hin & weg: Am besten mit dem Auto; das Liliental liegt zwischen Ihringen und Wasenweiler am Kaiserstuhl. Die kleine Zufahrtsstraße ist ausgeschildert.

Beste Zeit: Wenn die Orchideen blühen, von Mai bis August.

Dauer: Bis der Akku leer ist.

Ausrüstung: Eine Kamera, am besten mit Makroobjektiv. Botanikfreunde packen auch ein Bestimmungsbuch ein.

Gigantisches Fotomotiv: Die Mammutbäume im Liliental faszinieren einfach jeden. Ein Schnappschuss vom Insektenhotel - Kamera raus, abdrücken!

angesät. Vier Jahre später zogen die kleinen Bäumchen um an den Kaiserstuhl. Mittlerweile sind aus ihnen Baumriesen geworden.

Wer spätnachmittags kommt, hat das beste Fotolicht. Wenn die letzten Sonnenstrahlen vom Himmel fallen, dann stehen sie im goldenen Abendlicht da: die Sequoiadendron giganteum, die Riesenmammutbäume. Beindruckend sind sie, mit ihren roten, dicken Stämmen, die scheinbar bis in den Himmel wachsen. Umarmen? Das geht schon lange nicht mehr! Aber sich am Stamm anlehnen, den Wald riechen - und ein Selfie schießen -, das geht prima. Was für ein magischer Ort!

FAZIT: DAS LILIENTAL IST BEZAUBERND SCHÖN. HOBBYFOTOGRAFEN UND BOTANIKFANS KÖNNEN HIER SO RICHTIG DIE ZEIT VERGESSEN. ABER AUCH FAMILIEN MIT KINDERN SIND HIER RICHTIG.

N-Y-C

IM GOLD-RAUSCH

... beim Goldwaschen im Markgräflerland

#28

Wer Gold waschen will, muss dafür nicht nach Kanada an den Yukon River fliegen. Echtes Gold findet man auch im Rhein, zumindest wenn man die richtigen Plätze kennt. Beim Goldwaschkurs gibt's Tipps vom Profi. Das ist was für echte Abenteurer!

#Rheingold #Goldnuggets #Goldfieber

Der nasse Sand rinnt durch die Hände und versinkt im Rhein. Macht nichts, den braucht hier niemand. Viel wichtiger ist das, was zwischen dem Kies verborgen liegt: Gold!

Den sagenumwobenen Nibelungenschatz wird man hier zwar nicht finden. Aber rund 500 Tonnen des gelben Metalls liegen im Rhein zwischen Basel und Mannheim, das meiste davon allerdings als klitzekleiner Goldflitter und viele davon versteckt im Schotter, rund 60 Zentimeter unter der Oberfläche. Deshalb muss erst mal ordentlich gegraben werden. Ohne Schaufel geht hier nix. Goldsuchen ist Schwerstarbeit!

Doch wo graben? Franz-Josef Arndorf kennt die besten Plätze und die schönsten Geschichten. Er buddelt seit mehr als 50 Jahren Löcher in den Altrhein, um an die Goldvorräte zu kommen. Und er verrät Anfängern in seinen Goldwaschkursen, wie es am besten klappt mit der Goldsucherei.

Hin & weg: Am besten mit dem Auto zum Treffpunkt in Bad Bellingen (Balinea-Therme, Badstraße 14) oder Neuenburg am Rhein (Rathaus, Rathausplatz 5); die genaue Goldwaschstelle am Altrhein wird dort bekannt gegeben.

Beste Zeit: Goldener Oktober! Die Goldwaschkurse finden das ganze Jahr über statt, frühzeitig anmelden auf www.goldsucher.de. Bei Sonne sieht man das Gold natürlich besser glitzern.

Dauer: Ganzer Tag.

Ausrüstung: Echte Goldsucher brauchen vor allem Geduld und Glück! Wasserschuhe sind hilfreich, oder Gummistiefel. Waschpfanne, Schaufel und Sieb werden gestellt.

Beim Goldwaschkurs ist alles Handarbeit. Und alles Gold, was glänzt!

Der Waschplatz liegt direkt am Altrhein, auf einer herrlichen Sandbank. Kinder, Frauen, Männer - alle sind gekommen, um hier Gold zu finden. Am besten ein riesiges Nugget, so wie Dagobert Duck. Für den Start reicht aber auch ein Minigoldkrümel. Erst mal muss jedoch der Kies ins Sieb, ordentlich rütteln und schütteln, und ab mit dem Rest in die grüne Goldwaschpfanne. Und dann wird's spannend!

Mit dem richtigen Dreh wird der Dreck aus der Pfanne gewaschen, schwarzer, schwerer Sand bleibt übrig. Und da drin ...? DA! Volltreffer! Ein goldenes Flitterle, nur ein paar Millimeter groß. Oder ist es vielleicht doch nur ein Steinchen? Jetzt kommt der ultimative Goldtest: Wenn das Ding im Sonnenlicht funkelt, ist es Gold. Der Puls steigt... Und? Jaaa, es funkelt! Und wie! Gold! Echtes Rheingold!

Schnell ab damit ins Röhrchen, bevor das selbst geschürfte Goldstück noch verloren geht. Jetzt ist das Goldfieber ausgebrochen. Also schnell weitersuchen! Das macht hier mitten in der herrlichen Natur besonders viel Spaß. Und wer weiß, vielleicht liegt ja in der nächsten Pfanne mit etwas Glück ein ganz großer Fund ...

FAZIT: REICH WERDEN KANN MAN DAVON NICHT. MACHT ABER NICHTS. DENN DER SPAß BEIM SUCHEN IST UNBEZAHLBAR. ABER VORSICHT, GOLDSUCHEN KANN SCHNELL ZUR SUCHT WERDEN!

WOHOOO!

… auf dem Baumkronenweg in Waldkirch

#29

Hoch oben zwischen den Baumspitzen sieht die Welt ganz anders aus. So grün. Und so friedlich. Kein Stress. Kein Lärm. Nur Vogelgezwitscher und ein paar Freudenschreie. In Waldkirchs Baumkronen kann man das Draußensein so richtig genießen!

#HalloBäume #hochhinaus #Gipfelwalk

Auge in Auge mit den Baumkronen: Dieser Weg ist was für Wipfelstürmer.

Der Weg hinauf kostet Power, vor allem in den Waden. Ziemlich steil windet sich der Sinnesweg, ein gut ausgeschilderter Waldweg, vom Stadtrainsee in Waldkirch hinauf. Ganz schön anstrengend ist das. Doch zum Glück gibt's immer wieder gute Gründe, eine Pause zu machen: Das Ritter-TV mit Blick durch den Holzrahmen rüber zur Kastelburg zum Beispiel. Oder die Holzliege, um mal eben die müden Beine auszustrecken. Und das Wald-Xylophon für magische Klänge. Schönes zum Entdecken und Mitmach-Rätsel am Wegesrand verkürzen die Zeit bis zum Ziel.

Knappe 1,5 Kilometer, dann ist es geschafft: Mitten im Wald liegt der Baumkronenweg. Breite Holzstege führen zwischen den Bäumen hindurch. Die Kleinen klettern direkt aufs Baumhaus, die Großen auf den Abenteuerpfad. Der führt über wackelige Holzbalken und Seilbrücken von einer Holzplattform zur nächsten. Keine Angst: Der Baumkronenweg ist kein Hochseilgarten. Hier braucht niemand ein Sicherungsseil, und auch Leute mit Höhenangst können sich die coole Kletterei zutrauen.

Wer bodenständiger unterwegs sein will, der zieht die Schuhe aus und dreht eine Runde auf dem Barfußpfad. Oder geht einfach direkt die breite Holzrampe hinauf bis zu den Baumkronen, und zwar barrierefrei. 20 Meter, direkt neben den Baumspitzen, so hoch ist man hier. Vom Aussichtsturm hat man einen herrlichen Blick in die weite Welt – und auf die silberne Röhrenrutsche.

Aha, es gibt also doch noch was für Adrenalin-Junkies: Europas längste Röhrenrutsche, versprechen die Betreiber. Wer das Abenteuer

---

Hin & weg: Mit der Bahn nach Waldkirch, zu Fuß knapp 1 km zum Start. Parkplätze sind ausgeschildert.

Beste Zeit: April–Oktober.

Dauer & Strecke: Sinnesweg 1,2 km, 1 Std.; auf dem Baumkronenweg, so lange man Spaß hat.

Ausrüstung: Feste Schuhe für den Aufstieg, Grillzeug für die Stärkung (Grillstelle am Baumkronenweg kann reserviert werden, Holz und Rost gibt's gegen Gebühr: www.baumkronenweg-waldkirch.de). Wer nicht grillen möchte: Am Einstieg des Sinneswegs wartet ein netter Biergarten.

Hinab nach Waldkirch geht's rasant, versteckt zwischen Bäumen mit der 190 Meter langen Röhrenrutsche. Danach hat man sich den badischen Biergarten verdient.

liebt, bucht für den Rückweg einfach eine Fahrt ins Tal. 190 Meter ist die Rutsche lang – und ziemlich steil. Es kribbelt im Magen vor dem Start. Dann wird die Ampel grün. Rauf auf die Rutschmatte, rein in die dunkle Röhre. Und am besten am Anfang ganz laut losschreien! Wohooo! So macht das Leben Spaß!

FAZIT: RAUS AUS DER STADT UND REIN INS ABENTEUER: DER BAUMKRONENWEG IN WALDKIRCH IST GENAU RICHTIG, UM EINEN TAG LANG SPAß ZU HABEN – BESONDERS MIT DER FAMILIE ODER IN DER GRUPPE.

SAGENHAFTE LITERATOUR

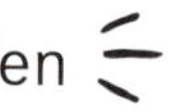

... auf dem Bettlerpfad von Freiburg nach Staufen

Wer den Bettlerpfad entlanggeht, wandert auf den Spuren Karl Mays, durch die Heimat einer großen Dichterin und begegnet am Ende vielleicht sogar dem Teufel. Noch nie gehört? Dann schnell ein Vesper und ein bisschen Weltliteratur in den Rucksack packen und losziehen.

#Bücherhelden #Wiesen&Wälder #historischerWeg

Durch Wald und Wiesen – und mit Bestsellern im Gepäck.

Es war einmal in einer dunklen Nebelnacht im Winter 1870 ein armer Handwerker unterwegs zwischen Freiburg und Staufen. Am nächsten Morgen fanden ihn Bauern – tot. Die Geschichte vom armen Bettler ist kein Bestseller. Niemand weiß, ob sie wirklich stimmt. Aber sie gab einem der schönsten Wanderwege rund um Freiburg seinen Namen.

Der historische Weg beginnt in Merzhausen vor den Toren Freiburgs. Vom Dorfplatz geht es in die Weberstraße, dann der gelben Raute nach, bis zum Hauerhof samt Wegkreuz. Bis heute erinnert es an die traurige Geschichte des Erfrorenen.

Durch Wiesen und Felder wandert man nach Bollschweil. Auf dem Friedhof dort steht ein weißer Gedenkstein. »Wohl denen, die gelebt, ehe sie starben«, steht darauf. Es sind Verse aus einem Gedicht, geschrieben von Marie Luise Kaschnitz. Die berühmte Schriftstellerin liegt hier begraben. Der Bettlerpfad führt auch dort vorbei, wo sie ihre späte Jugend verbrachte: im Schloss am Ortsrand, dem Familiensitz – bis heute. Am besten im Schlosshof

eine Pause machen und Kaschnitz' »Beschreibung eines Dorfes« lesen. Darin hat sie der Landschaft und den Menschen hier ein Denkmal gesetzt.

Von Bollschweil führt der Bettlerpfad zum Lehnhof bei Ehrenstetten. Zwischen grünen Wiesen und hohen Bäumen wandelt man auf den Spuren eines der erfolgreichsten deutschen Schriftsteller: Karl May. Und das ist nicht erfunden – im Gegensatz zu seinen Geschichten. Denn er war wirklich hier, besuchte 1899 seinen Verleger Friedrich Ernst Fehsenfeld. Der Abend war lang und folgenschwer, erzählt man sich. Die Herren rauchten so lange Zigarren, bis der Kanarienvogel tot von der Stange fiel. Auf den nächsten Kilometern führt der Bettlerpfad durch den Norsinger Grund und mitten hinein in bunte Blumenwiesen. Über Rothof (hier wartet eine nette Straußwirtschaft mit Ausblick auf hungrige Wanderer) und Gotthardhof geht es ins Staufener Städtle. Hier lebte und starb Goethes Faust. Seine Geschichte ist ebenso tragisch, wie die des armen Handwerkers: Um 1539 kam Dr. Faustus nach Staufen, um im

---

Hin & weg: Mit dem Bus nach Merzhausen (Haltestelle Ortsmitte); der Bettlerpfad beginnt in der Weberstraße. Zurück aus Staufen geht's mit dem Zug über Bad Krozingen.

Beste Zeit: Frühling, wenn alles blüht.

Dauer & Strecke: 4 Std., 14,3 km.

Ausrüstung: Vesper, Trekkingschuhe und ein bisschen Weltliteratur: »Beschreibungen eines Dorfes« von Marie Luise Kaschnitz, Karl Mays »Winnetou« und Goethes »Faust«.

Der Bettlerpfad endet in der Fauststadt Staufen: Im Gasthaus Löwen (rechts) soll der Teufel den Faust geholt haben.

Auftrag des Burgherren Gold herzustellen. Dieser Versuch kostete ihn das Leben. Im Zimmer Nr. 5 des Gasthaus Löwen soll ihn der Teufel höchstpersönlich geholt haben. Ein Bild an der Fassade erinnert daran.

Ach, den Teufel gibt's doch gar nicht… Wer diese Geschichte nicht glaubt, steigt zum Abschluss die Steintreppe im Rathausturm hinauf. Und sieht selbst, wer dort seinen Fußabdruck hinterlassen hat!

FAZIT: NATUR UND LITERATUR – DER BETTLERPFAD VERBINDET BEIDES. WER SICH AUF DIESE LITERATOUR EINLÄSST, WIRD VIELE NEUE FACETTEN DES BELIEBTEN WANDERWEGS KENNENLERNEN.

FLUSS-KREUZFAHRT AUF ZWEI RÄDERN

#31

Die Dreisam kennt in Freiburg jeder, aber wo kommt sie eigentlich her? Und wo fließt sie hin? Diese Radtour löst das Rätsel. 35 Kilometer geht es entlang der Dreisam – von ihrer Quelle bis zur Mündung.

#Dreisamrätsel #Quelle #Radspaß #Flusstour

Das Bächleboot schwimmt am Startpunkt der Dreisam, im Riegeler Delta geht die Reise zu Ende.

Eines muss man der Dreisam lassen: Sie versteckt sich ziemlich gut – unter einer Brücke, direkt an der Bundesstraße von Kirchzarten nach Stegen. Dort, wo der Rotbach und der Wagensteigbach zusammenfließen, da beginnt die Dreisam. Und diese Radtour.

Um dorthin zu gelangen, fährt man erst einmal mit dem Zug nach Kirchzarten. Vom Bahnhof geht's auf dem Rad in Richtung Stegen: über den Kreisverkehr und unter der B31 durch, dann rechts abbiegen in den Aumattenweg und das Rad zwischen den Bäumen parken.

Zur Dreisamquelle gelangt man nur zu Fuß. Wer sich ihr nähert, hört schon das gurgelnde Wasser. Was von oben unspektakulär aussieht, ist unten am Ufer ziemlich schön. Wenn das erste Rätsel jetzt also gelöst ist, kann die Tour losgehen. Die Route ist klar: Immer flussabwärts den Dreisamradweg entlang. Über Ebnet und Littenweiler, vorbei am Ganter-Biergarten, unter den Dreisambrücken hindurch. Stadtauswärts ist der Dreisam-Radweg eine Autobahn: schnelle Radler, viel Verkehr. Hinter der Gaskugel in Betzenhausen wird es dann deutlich ruhiger.

Hin & weg: Mit dem Rad oder der Höllentalbahn nach Kirchzarten; zurück von Riegel mit der Breisgau-S-Bahn.

Beste Zeit: Frühling oder Herbst; es gibt wenig Schatten – heiße Sommertage sind also nicht zu empfehlen.

Dauer & Strecke: 3 Std. reine Fahrzeit, 35 km.

Ausrüstung: Fahrräder jeder Art; auch mit Kinderanhänger möglich.

Immer flussabwärts geht die Fahrt, und ab und zu auch über Brücken.

Gemütlich geht es weiter Richtung Umkirch. Im Sommer wird am Dreisamufer gebadet, gejoggt und gegrillt. Oft sieht man hier auch einen Fischreiher unbeeindruckt mitten im Wasser stehen.

Die Kilometer fliegen dahin, die Orte auch. Hugstetten, Buchheim, Neuershausen. Oben auf dem Dreisamdamm hat man eine herrliche Sicht: links der Kaiserstuhl, rechts der Kandel. Mit Rückenwind rollt das Rad fast von alleine.

Die Dreisam fließt kerzengerade in ihrem Kanal, über Schwellen und unter Brücken. Bei Eichstetten bietet sich ein kleiner Abstecher in den Ort an – hier gibt's nette Gasthäuser und eine Eisdiele. Wer noch Kraft hat, radelt entspannt weiter Richtung Riegel. Dort wird's richtig interessant.

Das Riegeler-Delta ist eine richtige Wasserkreuzung. Hier fließen vier Flüsse zusammen: Alte Dreisam, Glotter, Dreisam und Elz. Danach gibt es die Dreisam nicht mehr. Ihr Wasser fließt im Leopoldskanal weiter Richtung Rhein.

Den Blick auf den neuen Fluss genießt man am besten von einer Bank unter den Bäumen. Wie wäre es noch mit einem Eis? Oder ein bisschen Kultur in der Kunsthalle Messmer?

Ganz Fitte radeln flussaufwärts wieder zurück, alle anderen nehmen den Zug. Tschüss, Dreisam, mach's gut!

FAZIT: GEMÜTLICHE ENTDECKUNGSREISE FLUSSABWÄRTS MIT DEM FAHRRAD. DANACH WEIß JEDER, WO DIE DREISAM HERKOMMT UND WO SIE HINFLIEßT.

SCHIFF AHOI!

... bei einer Bootstour auf dem Schluchsee

#32

Eine Seefahrt, die ist lustig – vor allem wenn man selbst Kapitän ist. Auf dem Schluchsee geht dieser Traum in Erfüllung. Ob Ruderboot, Tretboot oder Segelschiff: Hier stechen alle in See. Und zwar ganz ohne Führerschein.

#TagamSee #Schluchseetörn #Wind&Wellen #Seemannsromantik

Alle Mann an Deck? Leinen los auf der MS Schluchsee! Als Passagier kann man das Ablegemanöver entspannt vom Oberdeck aus beobachten, am besten bei einer Tasse Kaffee und einem Stück Schwarzwälder Kirschtorte. Gemütlich schippert das Schiff los, rund 70 Minuten dauert eine Schluchsee-Kreuzfahrt. Also zurücklehnen und den herrlichen Blick aufs glitzernde Wasser genießen!

Wer lieber selber das Steuer in der Hand hat, steigt einfach ins Tretboot. Einen Führerschein braucht man nicht, aber kräftige Waden. Oder innere Ruhe, um sich einfach treiben zu lassen. Ziemlich retro ist so ein langsames Bootsabenteuer. Die gelb-rot-gestreiften Liegesitze sind super bequem, und das Tretboot ist perfekt, falls man ab und zu mal abtauchen will.

Mit dem E-Boot ist man deutlich schneller unterwegs. Einmal Seerundfahrt? Zwei Stunden! Start ist an der Staumauer oder am Schiffsanleger im Ort Schluchsee. Dort können Freizeitkapitäne ein Boot chartern und in See stechen. Hart am Wind geht es mit dem Segelboot vorwärts. Das Beste: Jeder kann hier

---

Hin & weg: Mit der Höllental-Bahn von Freiburg bis zum Bahnhof Schluchsee.

Beste Zeit: Mai–Oktober; zu dieser Zeit fährt auch die MS Schluchsee mehrmals täglich über den See (www.seerundfahrten.de). Leihboote jeder Art gibt's an der Staumauer oder beim Strandbad.

Dauer: Bis jemand seekrank wird …

Ausrüstung: Schwimmsachen. Boote jeder Art – entweder selbst mitbringen oder vor Ort leihen. Schwimmwesten gibt's bei Bedarf dazu.

Tag am See: Tretboot oder Segelschiff, selbst vom Steg aus ist der Schluchsee genial!

mitmachen! Die Segelschule Schluchsee in Aha zeigt Anfängern beim Schnuppersegeln, wo der Wind weht. Gefährlich ist das Bootsabenteuer nicht. Segellehrer und Schwimmwesten sind immer mit an Bord, außerdem wirft die großen Kielboote der Segelschule so schnell kein Wind um.

Wind in den Segeln hat es hier oben auf 1000 Metern übrigens fast immer: Fallwinde vom Feldberg machen den Stausee zu einem beliebten Segelrevier. Der Schluchsee ist zudem der größte See im Schwarzwald: sieben Kilometer lang ist der Stausee, und je nach Wasserstand bis zu 62 Meter tief.

Und falls doch mal Flaute ist? Im Kanu oder Ruderboot geht's auch ohne Wind über den See – und zwar genau so schnell, wie die eigenen Arme paddeln können. Wer in den Abendstunden unterwegs ist, hat den See meist ganz für sich alleine. Wenn die Sonne überm Feldberg verschwindet und den Himmel in blaue und lila Pastelltöne taucht, braucht man kein Meer mehr ...

FAZIT: »NIMM MICH MIT KAPITÄN ...«? VON WEGEN! AM SCHLUCHSEE KANN JEDER EIN BOOT ÜBERS WASSER STEUERN. SUPER SOMMERAUSFLUG, MIT KINDERN ODER ALLEIN!

ABENTEUER WILD-WASSER

#33

Wie? Rafting auf dem Rhein? Geht das? Und ob! Zwischen Istein und Bad Bellingen fließt der Fluss nämlich nicht gerade ruhig dahin. Stromschnellen und leichtes Wildwasser sorgen für ein rasantes Abenteuer!

#wildesWasser #Paddeltour #Riverrafting

R(h)ein ins Vergnüngen:
Rafting macht gute Laune.

Türkisblau glitzert das Wasser des Altrheins. Der Fluss zieht langsam dahin. Mit ihm das blaue Schlauchboot. An Bord: 15 Männer, Frauen und Kinder – und ein Guide. Er steuert Boot und Besatzung sicher durch alle Wellen und Stromschnellen.

Doch zunächst ist von Wildwasser keine Spur. Gemütlich geht's dem Ziel Bad Bellingen entgegen. Zeit, sich treiben zu lassen. Die Natur zu genießen. Das klare Wasser zu bestaunen. Den startenden Schwänen hinterherzublicken.

Meistens aber braucht das Boot kräftige Unterstützung. »Zack! Zack! Zack!« Zeit, dass jemand das Kommando übernimmt, damit die Crew im Gleichtakt paddelt. Langeweile kommt keine auf. So eine Raftingtour macht richtig Spaß. Ob alleine, mit Freunden, Familie, den Kollegen oder den Kumpels aus dem Verein – hier sitzen alle in einem Boot. Und von dort aus bietet sich eine völlig neue Perspektive auf den Rhein.

Am Ufer gibt's auch so einiges zu beobachten. Vorbei geht's an einsamen Kiesstränden – mit dem einen oder anderen FKK-Anhänger (für manche an Bord ist das das größte Highlight der Fahrt ...).

Da! Die nächste Stromschnelle ist in Sicht. »Achtung, alle rechts paddeln«, ruft der Guide. Jetzt wird's richtig spannend! Die Crew ackert wie wild, das Boot kommt in die Spur, die Wellen immer näher. Das Wasser gluckst und sprudelt, spritzt hinauf bis ins Gesicht. Das Boot ruckelt durch die Wellen. Die Mannschaft johlt. Ab durch die Mitte! Wohooo!

Hin & weg: Am einfachsten mit dem Auto nach Istein; den genauen Treffpunkt teilt der Veranstalter mit.

Beste Zeit: Mai–September (Anmeldung auf www.blackforestmagic.de); bei Hochwasser oder schlechtem Wetter fällt die Fahrt aus.

Dauer & Strecke: 3 Std., 10 km.

Ausrüstung: Wasserschuhe, Sportkleidung nach Zwiebelprinzip. Schwimmweste und Paddel gibt's vor Ort.

Nach jeder neuen Stromschnelle ist die Crew stolz. Gemeinsam geht es nun immer weiter den Fluss hinab. Am Ende zeigt sich, dass wirklich alle in einem Boot sitzen. Denn das Anlegemanöver klappt nur, wenn jeder ordentlich mitpaddelt. Jetzt merkt man erst, wie stark die Strömung ist – und wie schwer das Boot. Nur mit vereinten Kräften kann das Ufer erreicht werden.

Geschafft! Das letzte Kommando fällt: Luft raus, bis zum nächsten Mal.

FAZIT: RAFTING AUF DEM RHEIN IST EIN ERLEBNIS FÜR DIE GANZE FAMILIE. AUCH WASSERMUFFEL KÖNNEN SICH TRAUEN: DAS RAFTINGBOOT IST KENTERSICHER!

MAGISCHER KRAFTORT

... am Siebenfelsen im Elztal

#34

Yach. Ein Ort mit vier Buchstaben und zwei Sackgassen. In einer davon beginnt das Abenteuer, ganz hinten im Tal, wo die Straße endet. Irgendwo dort, zwischen Wiesen und Wäldern, da muss er stehen – der geheimnisvolle Felsenturm. Hinauf geht es nur zu Fuß.

#Geheimtipp #Felsenfest #magischerOrt

Schönste Sackgasse der Welt: Yach ist eine Reise wert.

Viele Wanderwege führen zu den sieben Felsen und von dort weiter zu den umliegenden Gipfeln. Ein schöner Rundwanderweg startet am Schneiderhof. Auf dem romantischen Wäldersteig geht es entlang des Bachs immer tiefer ins Tal hinein. Der Blick auf die grünen Berghänge ist genial. Doch wo ist der Felsen?

Nach einer halben Stunde Waldweg plätschert ein Brunnen. Zeit für eine Rast! Beim Händewaschen merkt man es: Der Brunnen ist ja ein Felsentürmchen – der Siebenfelsen in Miniatur. Jetzt kann es also nicht mehr weit sein! Weiter geht's, zwei, drei Kurven, dann endlich das Schild: links abbiegen zum Siebenfelsen. Ab jetzt wird der Weg steil. Und der Wald felsig. Über Äste und Steine steigt man immer weiter bergauf.

Dann ist es plötzlich geschafft! Da steht er, in der Sonne, wie ein großes Steinmännchen aus Granit. Sieben Felsblöcke, fein aufeinandergeschichtet. Magische Kräfte spürt man, ehrlich gesagt, erst mal nicht. Aber schön anzusehen ist der Turm auf alle Fälle!

Und davor lässt sich herrlich in der Sonne picknicken. Dann ein bisschen klettern, den glatten Stein berühren, die frische Waldluft einatmen. Und sich fragen: Was ist er denn jetzt, dieser Steinturm?

Geschichten gibt es viele. Der Siebenfelsen soll einst ein keltischer Sonnenaltar gewesen sein, eine Kultstätte, an der Sonnenwendfeiern abgehalten wurden. Entstanden ist der Turm vermutlich durch Erdbewegungen, Wind und Wetter.

Wer schon mal da ist, sollte weiterwandern. Am besten in 45 Minuten den Schildern nach rauf bis Zum Schlagbaum und weiter zum »Schänzle«, wie das Gasthaus Schwedenschanze am Rohrhardsberg (1130 Meter) genannt wird. Dort kann man am Wochenende prima Speck vespern, die Aussicht genießen

---

Hin & weg: Mit dem Zug von Freiburg nach Elzach, weiter mit Bus 7206 bis Yach-Rebstock; von dort sind es noch 2 km bis zum Schneiderhof (Achtung: der Bus verkehrt am Wochenende nicht so oft; dann ist es mit dem Auto einfacher).

Beste Zeit: Besonders schön im Frühjahr und Herbst; Vespermöglichkeit im Schneiderhof (www.schneiderhof-yach.de) und am Wochenende im Berggasthof Schwedenschanze (www.schaenzle.com).

Dauer & Strecke: 9,6 km Rundwanderung, 3,5 Std. – mit Einkehr und Pausen ist man deutlich länger unterwegs.

Ausrüstung: Unbedingt Wanderschuhe für den Aufstieg.

Sieben auf einem Stein: Der Siebenfelsen ist zauberhaft. Und auch die Wanderung dorthin!

– und die Schnitzereien in der Gaststube bewundern. Richtung Passeck und ein Stück entlang des Hirten- und Brotwegs führt der Weg dann zurück Richtung Schneiderhof, den man in einer guten Stunde erreicht. Einkehren, ausruhen, hausgemachtes Holzofenbrot genießen und einen Beerenmost.

Am Ende kommt dann doch noch die Erleuchtung. Ob wirklich Magie im Spiel ist, weiß man immer noch nicht. Doch wer aus dieser zauberhaften Sackgasse zurückkehrt in die eigene Welt, ist voll neuer Kraft und Energie.

FAZIT: YACH IST EINE REISE WERT! DER KLEINE ORT LIEGT IN EINEM DER SCHÖNSTEN SEITENTÄLER DES ELZTALS – UND DER MAGISCHE SIEBENFELSEN IDYLLISCH IM ZAUBERWALD.

ENTDECKEN UND STAUNEN

Hören, sehen, riechen. Tasten, fühlen, balancieren. Entdecken, experimentieren und vor allem: staunen. Im Park der Sinne in Badenweiler kann man auch einfach mal den Kopf in den Stein stecken.

Summm! Jetzt wird gesummt, hier drinnen, im Dunklen, den Stein vor Augen. Erst tief: Summm! Dann höher: Summm! Fühlt sich irgendwie seltsam an. Doch plötzlich ist der innere Ton gefunden. Der Stein vibriert – oder ist es der eigene Körper? Oder beides? Egal, die Schwingungen sind richtig angenehm. Wer im Park der Sinne am Rand des Kurorts Badenweiler unterwegs ist, darf keine Angst vor Ungewöhnlichem haben. Natürlich steckt man im richtigen Leben nicht einfach mal den Kopf in den Stein. Hier darf man das. Nein, man muss sogar! Denn nur wer selbst experimentiert, wird den Park der Sinne richtig erleben. Also Schuhe aus und rein in den Barfußpfad.

Der Park liegt herrlich: Von der grünen Wiese blickt man über die Weinberge, die Burg von Badenweiler, den Schwarzwald und die Vogesen. Auf dem Gelände stehen rund 20 Experimentierstationen, alle haben ein Hinweisschild mit Erklärtext – und ein gemeinsames Ziel: die Sinne schärfen. Die Idee dazu hatte der Künstler und Pädagoge Hugo Kükelhaus.

Hin & weg: Mit dem Zug nach Müllheim, weiter mit Bus 111 nach Badenweiler. Der Park der Sinne liegt am Ortsrand (Start am Info-Pavillon gegenüber des Hotel Anna, Oberer Kirchweg 2); vom Thermalbad Cassiopeia sind es 10 Gehminuten.

Beste Zeit: Geht immer – selbst bei Regen! Von April bis Oktober finden Führungen statt (Anmeldung bei der Tourist-Info Badenweiler: www.badenweiler.de)

Dauer: Zwei Stunden sind ganz schnell um – und dann geht's in die Therme.

Ausrüstung: Entdeckerlust für den Park, Badesachen für die Therme.

Balancieren, musizieren und ein bisschen TV glotzen: In Badenweiler geht das alles an einem Ort!

Er präsentierte die Exponate 1967 auf der Weltaustellung in Montreal. Seit 2011 steht ein Teil davon in Badenweiler, in der Nähe des Kurparks. Am Info-Pavillon startet der Rundgang, man kann aber überall losexperimentieren.

Bei den großen Satellitenschüsseln gibt's ordentlich was auf die Ohren. Beim Panorama-TV traut man seinen Augen kaum. Der Gang durchs Labyrinth erinnert an Leben und Tod. Und der Blick durch's Prisma zeigt die Welt in anderen Farben.

Auf keinen Fall verpassen: die Riesen-Partnerschaukel! Auch wer sich vielleicht in der Schule in Physik gelangweilt hat, wird hier staunen. Wenn die beiden Partner sich aufeinander einlassen und miteinander in Schwung kommen, setzen sich die Schaukeln in Bewegung. Wie von Zauberhand ...

Wenn die Sinne so richtig angeregt sind: Ab in die Cassiopeia-Therme! Die Badekultur begann in Badenweiler schon 79 nach Christus, als die Römer die Thermalquellen entdeckten und einen Badetempel bauten. Seit rund 100 Jahren gibt's dort auch ein römisch-irisches Dampfbad. Wer Ruhe und Entspannung sucht, wird sie in diesem alten Baderitual finden.

FAZIT: VERBLÜFFEND! WENN ALLE SINNE AKTIVIERT WERDEN, KANN MAN SICH SUPER ENTSPANNEN. UNBEDINGT AUSPROBIEREN – UND ZWAR NICHT NUR DIE KINDER.

ATEM DER ZEITALTER
LUFT

WELLENREITEN IM VULKAN

… eine Rundwanderung im Kaiserstuhl

#36

Wer braucht schon Teeplantagen in Sri Lanka oder Reisfelder in Indonesien, um sich zu erholen? Direkt vor der Haustür liegen die sonnigen Weinterrassen des Kaiserstuhls. Die sind mindestens genauso schön! Und Wellenreiten kann man hier auch …

#dieperfekteWelle #Lieblingsplatz #Terrassenwandern

Verirren kann sich am Kaiserstuhl niemand. Unzählige Themen- und Wanderwege führen hinein in das kleine Vulkangebirge mitten in der Rheinebene. Wo früher Lava floss, wachsen seit dem Frühmittelalter Weinreben – und heute Wegweiser. So viele, dass man glatt den Überblick verliert. Wer möchte, lässt sich einfach treiben, von einem Schild zum anderen ...

Eine der schönsten Kaiserstuhltouren beginnt am Parkplatz an der Schelinger Passhöhe. Bergauf wandert man den Neunlindenpfad entlang (gelbe Raute) durch einen Zauberwald. Wer nach wenigen Minuten hinaustritt auf die Degenmatten, wird erst recht verzaubert sein: Unten im Dunst versteckt liegen die Kaiserstuhlorte. Ganz vorne Schelingen, das kleine Winzerdorf. Umgeben von Weinterrassen, saftig grün wie südländische Reisfelder. Hier scheint die Welt noch in Ordnung!

Wandern wird zur Nebensache. Erst mal hinsetzen, durchatmen und genießen. Die Weite. Den Wind. Die Wellen ... Wellen? Ja, richtig! Der Haselschacher Buck und die Schelinger Alm, das sind besondere Landschaften ohne Rebstöcke und Bäume, dafür mit herrlich welligen Trockenwiesen. Die Natur hier im

---

Hin & weg: Mit dem Auto zum Wanderparkplatz Schelinger Höhe an der Passhöhe zwischen Schelingen und Bahlingen. Dort startet die Rundwanderung samt Kurzvariante.

Beste Zeit: Frühling, Sommer, Herbst und Winter: Der Kaiserstuhl ist zu jeder Jahreszeit ein Erlebnis. Wenn es im Sommer heiß ist, am besten erst am späten Nachmittag starten.

Dauer & Strecke: 4 Std., 11 km Rundwanderung im Uhrzeigersinn.

Ausrüstung: Wanderschuhe – und viel Zeit im Gepäck.

Im Kaiserstuhl kann sich niemand verirren - der Schilderwald sorgt dafür!

Vulkangebirge ist so schön, und so anders! Der Blick streift hinüber Richtung Badberg, auf und ab, auf und ab ...

Später wird die Wanderung über die Wellen zurückführen. Doch erst einmal geht es steil hinauf durch den Wald zum Eichelspitzturm, der über den Bäumen schon zu sehen ist. Bei klarer Sicht gibt es hier einen tollen 360-Grad-Blick: auf Kaiserstuhl, Vogesen, Freiburg und Schwarzwald. Wer die 28 Meter hinauf will, sollte schwindelfrei sein, denn der Turm hat viele offene Stufen und schwankt herrlich im Wind. Weiter geht es hinab Richtung Vogelsangpass und über Altvogtsburg hinunter nach Oberbergen. Wer noch einen Gipfel besteigen will, kraxelt vom Vogelsangpass hinauf zum Totenkopf, dem höchsten Punkt des Kaiserstuhls (557 Meter), und dann geht's weiter nach Oberbergen.

Der Winzerort ist nicht nur für seine prämierten Weine bekannt, sondern auch für die Kaiserstühler Küche. Wer's bodenständig mag, kehrt im Rebstock ein, wer sich etwas Besonders gönnen will, speist in der Kellerwirtschaft mit ihrer raffinierten regionalen Küche. Die Liebe zum Kaiserstuhl, die geht unbedingt auch durch den Magen!

FAZIT: NICHTS IST SO HEIß WIE DER VULKAN – AUCH WENN ER LANGE VERGLÜHT IST. DER KAISERSTUHL MIT SEINER EINZIGARTIGEN LANDSCHAFT GEHÖRT GANZ KLAR IN DIE KATEGORIE ABSOLUTER LIEBLINGSPLATZ!

Der Höhepunkt kommt wie versprochen zum Schluss: Das Wellenreiten. Steil rauf auf den Badberg, kurz schwitzen. Und dann tragen einen die grünen Wellen des Kaiserstuhls fast von alleine zurück zur Schelinger Matte.

NIX ZU MECKERN

... bei einer Ziegenwanderung im Münstertal

#37

Kling-Klong-Kling. Mehr hört man hier oben nicht. Na gut, ab und zu wird ein bisschen gemeckert. Kein Wunder, wenn 30 Ziegen mit auf Wandertour gehen. Die Vierbeiner geben das Tempo vor – und sorgen mit ihrer Gelassenheit für die totale Entschleunigung.

#Mähhh #Stresslassnach #Lieblingstour

Immer der Herde nach: Die Ziegen zeigen, wo's im Münstertal langgeht.

Mähhh! Karl meckert vor Freude und lässt sich ausgiebig streicheln. Die Ziege genießt den Spaziergang samt Streicheleinheiten. Und die Gäste erst: So oft kommt es ja nicht vor, dass man gemeinsam mit einer Ziegenherde durch die Berge zieht.

Rund 30 Tiere begleiten einen auf dem Rundweg vom Milchmattenhof aus, dazu Ziegenbesitzerin Sabine Schmidt und die Hofhunde Ronja und Maik. Ihr Zuhause, ein traditioneller Schwarzwaldhof, liegt auf 900 Metern Höhe in einem Seitental des Münstertals. Hier oben hat man seine Ruhe, ganz alleine, ohne Nachbarn. Deswegen sind die Ferienwohnungen des Milchmattenhofs auch sehr beliebt.

Über steile Bergwiesen geht's hinauf auf den Sittnerberg. Die Ziegen laufen frei herum. Packtaschen oder Leinen wie bei manchem Ziegentrekking tragen die Tiere nicht. Sie grasen mal hier, mal dort. Die Wanderung ist darum pure Entspannung. Schnell hat man sich auf das Tempo der kleinen Vierbeiner eingelassen. Blondie ist die Ziegenchefin. Sie gibt gerne den Ton an. Heute hat sie nicht viel zu meckern. Das Wetter ist herrlich, die Sonne scheint, der Wind weht nur leicht. Die Ziegen-

Hier fehlt eigentlich nur noch der Geißen-Peter. Blondie, die Ziegenchefin, ist bereit.

herde ist zufrieden. Regen mögen die Vierbeiner nicht, dann bleiben sie im Trockenen und der Spaziergang fällt aus.

Nach einer Vesperpause geht's zum nächsten Naturwunder: Mitten im Grünen steht eine große Weidenbuche. Sie harrt dort schon eine halbe Ewigkeit aus, seit mindestens 250 Jahren. Wie stark und lebendig sie ist, mit dicken Ästen und saftig grünen Blättern! Was für ein magischer Moment der Tour: Die Hände berühren wie von Zauberhand den dicken Stamm, streichen über das Holz, spüren die Kraft der Natur.

Die Ziegen ziehen schon weiter. Ihr Job: fressen! Hecken, Büsche, Sträucher, Schwarzdorn, Brennnesseln, Disteln, selbst grüne Blättchen zwischen dornigem Gestrüpp – sie finden alles lecker. Damit sind die Tiere die besten Landschaftspfleger auf den steilen Hängen des Münstertals. Mehr als 1200 Ziegen sorgen dafür, dass hier oben der Hochschwarzwald nicht vollständig zuwächst. Die Ziegen bekommen dafür von der Gemeinde Münstertal eine »Ziegenprämie«, finanziert aus dem Topf der Kurtaxe.

Hin & weg: Am besten mit dem Auto; der Milchmattenhof liegt in einem Seitental des Münstertals, Richtung Stohren (Sittnerbergweg 3a).

Beste Zeit: Mai–Oktober (Anmeldung auf www.milchmattenhof.de); bei Regen bleiben die Ziegen aber im Trockenen.

Dauer & Strecke: 2 Std. (ohne Einkehr), 1,5 km gemütliche Rundwanderung über Ziegenweiden.

Ausrüstung: Wanderschuhe; wer kleine Kinder mitbringt: Kraxe.

Die Ziege genießt das Gras, die Mitwanderer den Blick auf die Schwarzwald-Gipfel.

Eilig haben es die Tiere nicht. Das ist wunderbar so! Denn hier oben muss man immer wieder stehen bleiben und sich umschauen. Was für eine Aussicht: links der runde Belchen, rechts der Blauen mit seiner Antenne. Und weit unten, im Dunst des Rheintals, blitzen die Vogesenspitzen. Wer nach dem Spaziergang Bock auf mehr Ziegenspezialitäten hat, der kehrt im Glocknerhof im Ortsteil Kaltwasser ein (www.kaeserei-glocknerhof.de). Dort wird die gesamte hofeigene Milch zu Käse und Milchprodukten verarbeitet, und zwar ohne Zusatzstoffe und Konservierungsmittel,

FAZIT: NIX ZU MECKERN! DER ZIEGENSPAZIERGANG BIETET FRISCHE LUFT UND SANFTE ENTSPANNUNG. HIER FÄHRT JEDER RUNTER.

verspricht die Familie Glockner. Je nach Saison gibt's leckeren Ziegenkäse, und auch der Käse von den Kühen schmeckt einfach wunderbar. Guten Appetit!

HERBST FÜR ANFÄNGER

... in Endingen am Kaiserstuhl

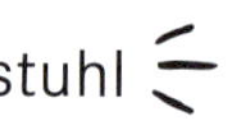

Herbstzeit ist Erntezeit. Wenn die Trauben reif sind, braucht man viele helfende Hände im Weinberg. Warum nicht einmal mit anpacken? In Endingen im Bio-Weingut Linder kann jeder einen Tag lang Winzer sein.

#Herbsten #Traumjob #Weinbergabenteuer

So macht der Herbst Spaß!

Wer mithelfen will, muss früh starten. Der Winzer-Tag beginnt kurz vor acht mitten in der Endinger Altstadt. Treffpunkt ist beim Weingut der Familie Linder. Das junge Winzerpaar Elena Bollin und Ronald Linder, die Töchter, die Großeltern Mariette und Hans-Peter. Dazu die Erntehelfer: Anfänger und Wiederholungstäter, Touristen und Einheimische. Schnell sind alle per Du in der großen Weinfamilie. Mit Autos geht es raus aus dem Ort, rein in den Weinberg, der Traktor fährt voraus.

Der Nebel liegt wie ein Tuch über den Kaiserstuhlterrassen. Es riecht nach feuchter Erde und nach Herbst. Nirgendwo ist das in dem Moment intensiver zu spüren als hier, im Rebstück der Familie Linder.

Die Gummistiefel stehen fest auf dem Boden. Wie weich er sich anfühlt mit all dem herrlichen Grünzeug, das hier so wächst: Brennnessel, Klee, Löwenzahn, Karottenkraut – fast wie im Kräutergarten. Ronald Linder hat den

Boden immer im Blick, das ganze Jahr über. Gesund muss er sein. Er ist das Herz seiner Arbeit, der Energielieferant seiner Trauben. Aus ihnen wird er Wein machen, später, zu Hause im Weinkeller. Bio-Wein. Aber was heißt das überhaupt, biodynamischer Weinbau? Ronald Linder erklärt einem das gern. Am liebsten zwischen den Rebgassen oder beim Vesper mitten im Weinberg. Das ist sowieso mit das Schönste: Auf einer Bierbank sitzen, einen Kaffee in der Hand und eine Butterbrezel, belegt mit Rübenkraut oder Löwenzahn, frisch geerntet im Rebgässle.

Am Summberg ist Hochsaison. Alle wollen ihre Trauben nach Hause bringen. Auf der anderen Seite rattert der Vollernter ohne Rücksicht auf Verluste. Hier im Bio-Rebstück ist alles Handarbeit, und alle gehen mit Herz und Seele zu Werke. Jede Traube bekommt eine Einzelbehandlung. Auch Anfänger lernen schnell: Trauben, die nach Essig riechen, haben im Eimer nichts zu suchen. Also rausschneiden! Und zuvor noch den Marienkäfer retten, der sich zwischen den Beeren versteckt hat. Der rote Eimer füllt sich schnell. Schön zu sehen, wie die blauen Trauben darin liegen. So langsam

---

Hin & weg: Mit der Breisgau-S-Bahn oder der Kaiserstuhlbahn nach Endingen am Kaiserstuhl, zu Fuß in knapp 10 Min. durchs Städtle zum Weingut Linder (Stollbruckstraße 12).

Beste Zeit: Herbst (vorher anmelden: www.winzerhof-linder.de)

Dauer: Ganzer Tag; wer möchte, darf gerne öfter mithelfen.

Ausrüstung: Gummistiefel und Arbeitsoutfit.

Erst die Arbeit, dann das Vergnügen: Vespern im Weinberg ist einfach herrlich gemütlich und gesellig.

macht die Arbeit müde. Der Rücken meldet sich auch. Die leicht gebückte Haltung und der unebene Boden sind ungewohnt. Gut, dass die Weinlese bei Linders selten länger als bis 14 Uhr dauert.

Zum Abschluss wird gemeinsam gegessen. Das gehört einfach dazu. Badisch lecker schmecken die Kartoffel mit frischem Quark und Wurstsalat. Natürlich darf eines nicht fehlen: Ein Schluck Wein aus dem Linder-Keller. Na dann, Prost! Und bis zum nächsten Herbst.

FAZIT: EIN TAG IM BIO-WEINBERG IST BALSAM FÜR DIE SEELE. FRISCHE LUFT, NETTE GESPRÄCHE, UND ALLES MITTEN IN DER NATUR.

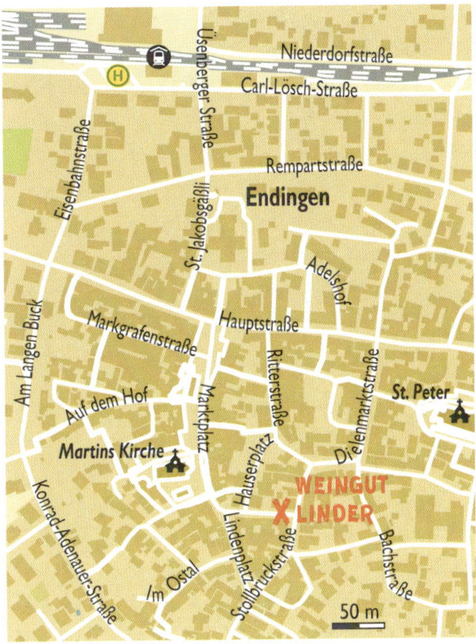

MAGISCHE KRÄFTE

... am Kandelfelsen im Elztal

Sagenhafte Geschichten ranken sich um den Kandel. Hexen sollen dort oben in der Walpurgisnacht ihre Feste gefeiert haben. Ob sie vom Teufelsfelsen wirklich auf ihren Besen hinab ins Elztal geflogen sind?

#Hexenberg #rabvumKandelfelse #HexHex

Abendstimmung am Kandelfelsen – schöner geht nicht!

Ja, ja, manche Frauen haben magische Kräfte. Allerdings gab es Zeiten, da wurden sie als Hexen verfolgt; besonders im 17. Jahrhundert. Auch in Waldkirch. Auf dem Hausberg, dem 1241 Meter hohen Kandel, sollen sie sich mit dem Teufel eingelassen haben.

Bei einer Rundwanderung kommt man dem Berg und seinen Geschichten näher. Vom Parkplatz geht's auf dem Kandelhöhenweg in wenigen Minuten rauf auf den höchsten Punkt. Aus der Ferne gesehen thront der Kandel massiv wie eine Pyramide über dem Glotter- und dem Elztal. Hier vom Gipfeldenkmal aus fasziniert er in anderer Weise: Die Aussicht über Freiburg, den Feldberg, die Rheinebene und die Vogesen ist gigantisch.

Das Ziel liegt tief unten verborgen im Wald: der Kandelfelsen, ein Felsmassiv aus Gneis, 350 Millionen Jahre alt. Auf dem schmalen Damenpfad geht's vom Gipfel hinab, über Steine und Äste, immer der blauen Raute nach. Moosbewachsene Felsreste ragen aus dem Boden, die Luft ist kühl, der Wald dicht. Eine gute halbe Stunde, dann sieht man ihn

endlich zwischen den Bäumen hervorblitzen. Was in vergangenen Zeiten dort geschah, weiß niemand.

Nur eines ist sicher: 1981, ausgerechnet in der Walpurgisnacht, kurz nach Mitternacht, krachte dort der Teufelsfelsen mit lautem Donnern in die Tiefe. Die Bergwacht machte damals einen seltsamen Fund: In den Steinbrocken lag ein Reisigbesen!

Heute zieht der Felsen vor allem Kletterer an – und alle, die pure Natur suchen. Wer wochentags kurz vor Sonnenuntergang kommt, genießt die Ruhe. Und das Licht. Die Sonne taucht den Felsen in warme Rottöne. Der Himmel über den Vogesen färbt sich blau, rot, lila. Waldkirch versinkt in der Dämmerung. Hier oben steht die Zeit still! Wenn nur nicht noch der Rückweg wäre …

Der schnellste Weg führt in 30 Minuten zum Ausgangspunkt, und zwar nicht wieder rechts über den Gipfel, sondern links unterhalb zum Kandelhotel. Wer eine Stirnlampe dabeihat,

---

Hin & weg: Mit dem Zug nach Denzlingen, weiter mit dem Bus 7205 über Glottertal und St. Peter zum Kandelgipfel (Kandel-Rasthaus). Wer bis Sonnenuntergang bleiben will, kommt am besten mit dem Auto.

Beste Zeit: Wochentags; am späten Nachtmittag strahlen die Felsen im schönen Abendlicht. Vorsicht bei Regen, der Weg kann rutschig werden.

Dauer & Strecke: 2 Std. reine Wanderzeit, 5,2 km. Wer länger wandern will, geht am Kandelfelsen links auf dem Josef-Seeger-Weg über Thomashütte (Aussichtspunkt) und Gummenhütte (Einkehr) zum Kandelfelsen (1,5 Std., 3,5 km).

Ausrüstung: Wanderschuhe, Stirnlampe; Drachen – am Kandel weht immer der Wind.

Wenn die Sonne tief steht, spürt man am Kandelfelsen besondere Kräfte. Ob wohl die Kandelhexen ihre Finger im Spiel haben?

bleibt so lange sitzen, bis in Waldkirch die Lichter angehen. Ganz Mutige rufen dann im Dunkeln: »Hexe-Hexe-Stelze – rab vum Kandelfelse!« Und zwischen Schmutzigem Dunnschdig und Aschermittwoch fliegen sie in Waldkirch ganz sicher, die Kandelhexen …

FAZIT: KRAFTORTE HABEN EINE BESONDERE AUSSTRAHLUNG. DER KANDEL IST SO EIN ORT. WER DEN KANDELFELSEN IM SONNENUNTERGANG BESUCHT, SPÜRT DIE MAGIE.

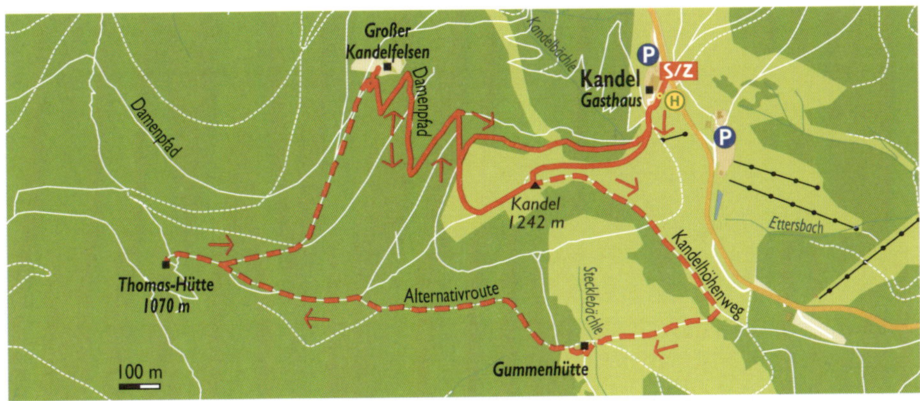

HIMMLISCHE KLOSTER-TOUR

... zwischen St. Peter und St. Märgen

Mächtig ragen die beiden Kirchtürme über St. Peter auf. Dort beginnt diese Sonntagstour. Das Ziel: St. Märgen. Wer von Kloster zu Kloster wandert, kommt dem Himmel gefühlt ein ganzes Stück näher.

#Klosterleben #immerwiedersonntags #Himmelstour

St. Peter »auf dem Schwarzwald«, so sagte man früher. Stimmt genau! Denn das Klosterdorf liegt auf rund 720 Metern Höhe auf einem Hochplateau, zwischen Thurner und Kandel. Im Innenhof des ehemaligen Benediktinerklosters startet diese Sonntagstour. Hinter den dicken Mauern verbirgt sich eine schöne Barockkirche. Weit über St. Peter hinaus berühmt ist aber vor allem die kleine, feine Rokoko-Bibliothek. Ein besonderer Schatz.

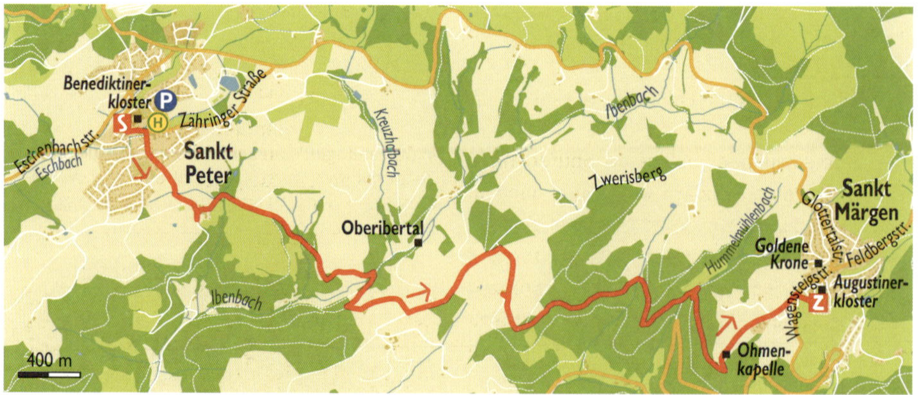

Von Kloster zu Kloster: Die zwei Türme in St. Märgen zeigen einem klar, wo der Weg hinführt.

Nicht nur wegen ihrer Bücher, sondern vor allem wegen der prunkvollen Deckengemälde und der Figuren von Matthias Faller, dem »Herrgottsschnitzer« des Schwarzwalds. Hinein kann man nur mit Führung, und die startet immer sonntags um 11.30 Uhr.

Danach wandert man gemütlich hinaus aus dem Ort, der gelben Raute nach über Oberibental Richtung St. Märgen. Unterwegs gibt's viel Natur. Wald und Wiesen wechseln sich ab, dazu ein herrlicher Panoramablick auf die hohen Schwarzwaldgipfel.

St. Märgen liegt dem Himmel noch näher, auf 895 Metern. Steil geht es hinauf Richtung Zwerisberg. Die Aussicht und die Ausblicke auf herrliche Schwarzwaldhöfe mitten im Grünen belohnen aber jede Mühe.

Auf einer Kuppe vor St. Märgen liegt ein idyllischer Wallfahrtsort: die Ohmenkapelle. Schon im Mittelalter stand hier eine Holzkapelle, geweiht dem Heiligen Judas Thaddäus. 1735 wurde der Grundstein der heutigen Kapelle gelegt und eine Reliquie des Heiligen wurde hierher überführt. Im Inneren trifft man wieder auf Matthias Faller – und seine Holzfiguren.

Der Barockbildhauer hat seine Spuren nicht nur in St. Peter, sondern vor allem auch in St. Märgen hinterlassen. Dort lebte er zeitweise im Augustinerkloster. Bis zum Klosterplatz ist es gar nicht mehr weit. In der barocken Wallfahrtskirche Mariä Himmelfahrt steht eine der ältesten und schönsten Marienskulpturen des Schwarzwalds.

Fünf Mal brannte das Kloster ab – die Madonna mit dem Kind auf dem linken Knie wurde immer gerettet. Genau wie viele Holzschnitzereien von Matthias Faller. Die Kirche ist voll mit seiner Kunst. Sechs Altäre stehen dort, alle hat er geschnitzt.

Zum Abschluss der Tour geht es in die ehemalige Klosterherberge Goldene Krone, direkt gegenüber vom Kloster. Im dortigen Landfrauencafé wartet eine hausgemachte Schwarzwälder Kirschtorte. Einfach himmlisch!

FAZIT: KLOSTERGESCHICHTE, NATUR UND VIEL SONNE! DIESE WANDERUNG IST PERFEKT FÜR EINEN SONNTAGSAUSFLUG IN DEN SCHWARZWALD.

Hin & weg: Mit dem Zug von Freiburg nach Kirchzarten, weiter mit Bus 7216 nach St. Peter. Los geht's am Kloster (Klosterhof 2). Zurück von St. Märgen mit dem Bus.

Beste Zeit: Sonntags, dann haben Kloster und Museum geöffnet.

Dauer & Strecke: 3 Std. reine Gehzeit, 8,3 km. Start und Ziel nach Belieben tauschen (denn beide Klöster und Museen sind leider nur vormittags zugänglich).

Ausrüstung: Wanderschuhe. Ticket für die Führung in St. Peter (gibt's an der Pforte des Geistlichen Zentrums: www.geistliches-zentrum.org) bzw. das Museum St. Märgen (www.kloster-museum.de)

ÜBER DEN WOLKEN

... an einem Herbsttag auf dem Belchengipfel

Immer wieder im November versinkt die Welt im Nebelgrau. Bevor man selbst tief in der Herbstdepression steckt, schnell rauf auf den Berg! Ein Picknickausflug auf den sonnigen Belchen ist die beste Therapie.

#Stadtflucht #Kürbiswaffeln #HeyHerbst #Picknicker

Satt sehen – an den Alpen und dem Herbstlaub.

Die Augen können sich kaum satt sehen. Blauer Himmel, bunte Bäume und dahinter die schneebedeckten Alpen. Wie gemalt liegt die Landschaft da. Unten im Tal, da staut sich der graue Nebel. Doch hier oben auf dem Belchen scheint die Sonne. Inversionswetterlage heißt das Zauberwort, das alle trüben Herbstgedanken vertreibt. Perfekt für ein Picknick über den Wolken! Was im Sommer jeder kann, geht natürlich auch im Herbst. Die Picknickdecke ist schnell ausgepackt – im besten Fall ist sie beschichtet. Der Boden auf dem Gipfel ist zwar weich wie auf einer Alm, aber doch schon ziemlich kühl, wenn man im Schneidersitz darauf lümmelt.

Die Thermoskanne hat jetzt ihren großen Auftritt. In der Kanne gibt's leckeren Punsch, aus Apfelsaft, Fürchtetee und Zimtstangen. Auch gut: Kürbissuppe! Die bleibt zwar nicht heiß, schmeckt aber lauwarm und aus der Henkeltasse trotzdem ziemlich lecker. Dazu Kürbiswaffeln mit Schwarzwälder Speck und Feta-Dip – das sind die Zutaten für ein Traumpicknick über den Wolken.

Unbedingt mitnehmen: den Drachen. Der flattert hier oben wie von alleine am blauen Himmel, fliegt seine Loopings und macht einfach jedem gute Laune. Hey, Herbst, schön, dass du da bist!

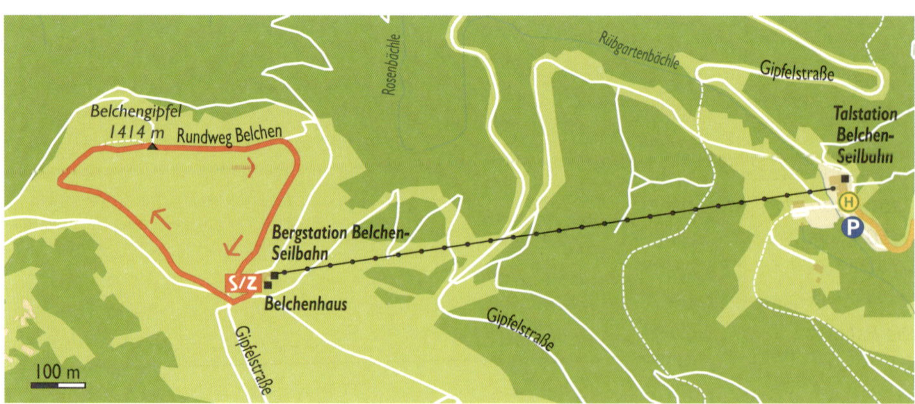

Flieg, Drachen, flieg! Auf dem Belchen weht immer ein Wind.

Deftige Herbstwaffeln

250 g Hokkaido-Kürbis
70 g gewürfelter Schwarzwälder Speck
30 g Butter
150 ml Milch
15 g frische Hefe
150 g Mehl
2 Eier
1 TL Salz, etwas Pfeffer und Muskatnuss.

Kürbis waschen und mit Schale in Würfel schneiden; die Stücke ins kochende Wasser geben und zehn Minuten garen.
Speckwürfel kurz anbraten, beiseitestellen.
Butter schmelzen.
Milch in einen Becher geben, Hefe darin auflösen.
Kürbiswürfel abgießen, abtropfen lassen und fein pürieren.
In einer Schüssel mit Mehl, Ei, Hefemilch und geschmolzener Butter verrühren. Kürbispüree und Speckwürfel unterheben. Würzen!
Zu Waffeln backen (ergibt ca. 8–10 Stück).

Petersilie-Dip

1 Bund Petersilie
150 g körniger Frischkäse
150 g Quark
1 Knoblauchzehe

Die Petersilie putzen, waschen und nicht zu fein hacken. Frischkäse und Quark glattrühren. Knoblauch schälen und dazu pressen. Fertig!

FAZIT: PERFEKTE STADTFLUCHT AN GRAUEN NEBELTAGEN: DIESES PICKNICK ÜBER DEN WOLKEN VERTREIBT JEDE HERBST-DEPRESSION.

Hin & weg: Von Freiburg mit der Höllentalbahn nach Hinterzarten, mit dem Bus über Todtnau zur Talstation der Belchenbahn (www.belchen-seilbahn.de). Bequem nach oben schweben und zum Gipfel spazieren.

Beste Zeit: Bei Inversionswetterlage, wenn im Tal Nebel hängt und oben bei Sonne die Alpen zu sehen sind.

Dauer: Einen Tag lang Sonne tanken, der Winter wird lang genug.

Ausrüstung: Wanderschuhe und Vesper; Drachen nicht vergessen.

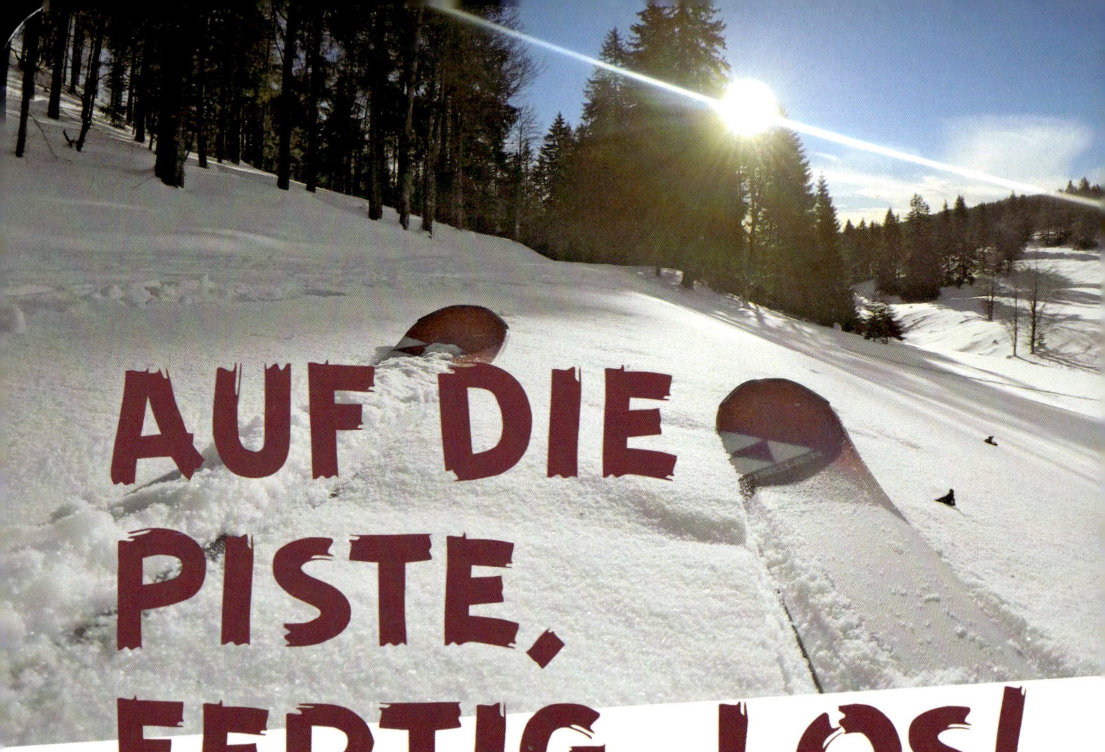

AUF DIE PISTE, FERTIG, LOS!

... Skiabfahrt nach Todtnau

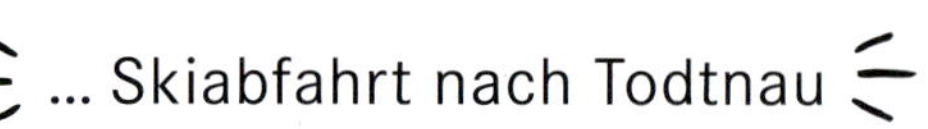

#42

Diese Skifahrt scheint nie zu enden: Die Hinterwaldabfahrt ist eine der längsten Skirouten Deutschlands. 9,3 Kilometer geht es hinab, vom Grafenmatt-Höchst am Feldberg bis Todtnau. Und zwar auf wilden Waldwegen.

#Geheimtipp #AbenteuerSkiroute #Schneevergnügen

Der Ski läuft wie geschmiert – zumindest bergab …

Keine Lust, auf eingefahrenen Pisten unterwegs zu sein? Dann ist diese abenteuerliche Skiroute genau das Richtige! Mit dem Sessellift schwebt man von der Talstation Fahl hinauf aufs Grafenmatt-Höchst (1346 Meter). Hier startet sie, die Hinterwaldabfahrt – wer würde vermuten, dass man im Schwarzwald neun Kilometer weit abfahren kann? Das blaue Schild ist nicht zu übersehen. »Geöffnet«, steht darauf. 3, 2, 1 – Go!

Die Sonne scheint, der Schnee glitzert, die Ski laufen wie geschmiert. Für große Schwünge ist kein Platz auf dem schmalen Weg, macht aber nichts. Der Blick auf die Schneelandschaft macht alles wett. Leicht bergab geht's Richtung Leistungszentrum Herzogenhorn. Wer schon jetzt eine Pause einlegen will, kehrt ein und stärkt sich für die weiteren Kilometer. Alle anderen fahren einfach weiter. Und zwar nicht auf einer offiziellen Skipiste, die abends

kontrolliert und jede Nacht gut präpariert wird. Nein, es geht mitten auf einem Waldweg vorbei an den Schwarzwaldtannen, meist leicht, manchmal stark bergab.

Am meisten Spaß macht die Tour in der Gruppe. Wer sicher Ski fährt, kommt ohne Probleme runter. Je nach Schneelage ändern sich die Bedingungen aber. Vor allem bei Eis kann die Strecke plötzlich anstrengend werden. Helm ist für alle Pflicht!

An der Glockenführe darf man die Abzweigung nicht verpassen: Rechts geht es in den Wald hinein und weiter Richtung Bernauer Kreuz und Todtnau, dem Ziel der Abfahrt, weit unten im Tal. Am besten fährt man hier ordentlich Schuss, und zwar in der tiefen Rennhocke! Auch wenn die Oberschenkel brennen: Schwung holen hilft, denn jetzt geht es gleich bergauf in die Schiebepassage. Mist! Zu langsam! Ganz ohne Schieben geht es hier im Mit-

---

Hin & weg: Mit dem Auto zum Parkplatz der Rothausbahn-Talstation in Todtnau-Fahl; mit dem 4er-Sessellift hoch aufs Grafenmatt-Höchst. Zurück von Todtnau mit dem Bus (Einstieg bei der »Poche« kurz vor den ersten Häusern).

Beste Zeit: Genügend Schnee! Ob die Hinterwaldabfahrt befahrbar und gewalzt ist, steht hier: www.skiclub-todtnau.de

Dauer & Strecke: Einfache Abfahrt ca. 30–45 Min., 9,3 km, 736 Höhenmeter.

Ausrüstung: Ski, Helm und Punktekarte (am besten in der Gruppe lösen). Ein GPS-fähiges Smartphone schadet nicht, auch wenn die Strecke ausgeschildert ist.

Weiße Tannen, rote Skiroute – und ein Traumblick auf Todtnau. Was für eine Skiabfahrt!

telgebirge halt doch nicht. Also hochstapfen zur Röslehütte. Da kommt man ganz schön ins Schwitzen. Wer Glück hat, findet am Baumstumpf gegenüber der verschneiten Hütte ein Vogelhäuschen – samt hochprozentigem Inhalt. Tür auf, Kirschwasser raus. Prost!

Am Bernauer Kreuz beginnt dann der rasantere Teil der Strecke, hinab Richtung Mollenbachhütte. Und dann geht's mit Volldampf in den Endspurt bis zu den Häusern von Todtnau. Zurück nach oben nimmt man ganz einfach den Bus.

Während der Fahrt kann man vom »Hinterwaldinferno« träumen, Deutschlands längstem Skirennen für jedermann. Der Skiclub Todtnau lädt einmal im Jahr alle ein, mitzumachen. Die Schnellsten fahren die 9,3 Kilometer übrigens in knapp zehn Minuten. Also am besten gleich nochmal abfahren – und trainieren ...

FAZIT: GEHEIMTIPP FÜR SKIFANS! WENN GENÜGEND SCHNEE LIEGT, IST DIESE SKIROUTE DER HAMMER!

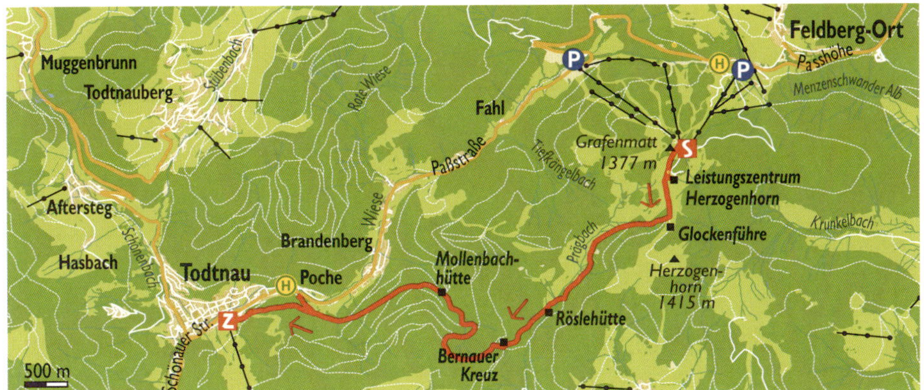

3. KAPITEL MINIURLAUB

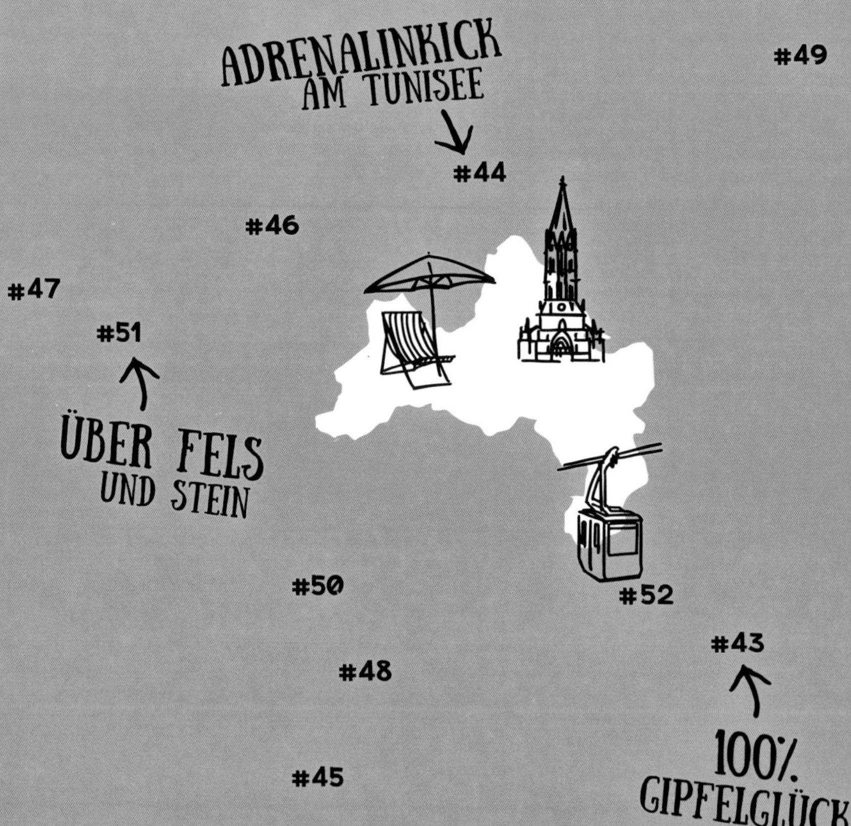

Ferien für ein Wochenende

Freiburg ist schön, 36-Stunden-Auszeiten sind noch schöner! Abendrot am Feldberg, Ruhe im Baumhaus oder schwimmen unter Rheinbrücken? Los geht's!

36H

#43 ... am Feldberg Seite 182
#44 ... am Tunisee Seite 186
#45 ... in Basel Seite 190
#46 ... rund um den Kaiserstuhl Seite 194
#47 ... im Baumhaus in den Vogesen Seite 198
#48 ... in Sulzburg Seite 202
#49 ... im Kinzigtal Seite 206
#50 ... im Markgräflerland Seite 210
#51 ... in den Vogesen Seite 214
#52 ... am Notschrei Seite 218

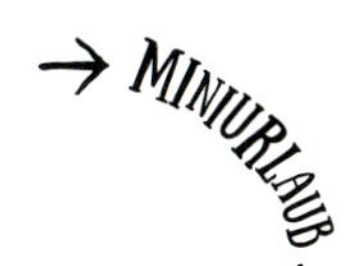

ALLEIN, ALLEIN

#43

Das Licht. Die Ruhe. Der Sonnenuntergang. Wer an einem Sommerabend auf dem Feldberggipfel steht, kann die Schönheit der Natur kaum fassen. Von wegen Menschenmassen: Abends ist man alleine. Was für ein Gipfelglück!

#Solotour #hochhinaus #ungeahntesGipfelglück

Um 17 Uhr ist Feierabend auf dem höchsten Gipfel des Schwarzwalds. Spätestens dann stehen die Gondeln der Feldbergbahn still. Perfekt für alle, die noch hoch hinaus wollen.

1493 Meter hoch ist der Feldberggipfel. Er lockt das ganze Jahr über viele Touristen aus dem In- und Ausland an. Wer in Freiburg lebt, hat den Berg vor der Haustür – und macht doch oft einen großen Bogen um ihn. Zu viel Rummel, sagen die Einheimischen. Nicht bei dieser Tour, versprochen!

Los geht der Aufstieg auf dem Felsenweg hoch zum Bismarck-Denkmal. Ein paar Wanderer kommen einem entgegen, alle gehen sie gemütlich bergab, zur Talstation der Feldbergbahn. Bergauf wandert um diese Uhrzeit fast niemand mehr. Dabei ist der Tag doch noch lange nicht zu Ende. Am blauen Himmel strahlt die Sonne. Der Wind weht durch die Weideblumen, Kuhglocken klingen aus der Ferne. Schwarzwaldidylle pur! Vom Bismarck-Denkmal hat man einen herrlichen Blick hinab auf den dunklen Feldsee. Und hinüber auf die

---

Hin & weg: Mit der Höllentalbahn nach Titisee oder Bärental, dann weiter mit dem Bus zum Feldberger Hof.

Beste Zeit: Sommermonate.

Dauer & Strecke: 2 Std., 6,2 km (wer nicht übernachtet, hat natürlich noch den Rückweg ...).

Ausrüstung: Wanderschuhe Auch im Sommer warme Kleidung und Mütze einpacken. Das Klima am Feldberg ist rau!

Wenn es Nacht wird: Im Naturfreudenhaus am Baldenweger Buck übernachtet man einfach, aber gut und günstig (www.naturfreundehaus-feldberg.de)

Abendstunde am Feldberg: Turm und Zastler Loch faszinieren vor dem blauen Himmeln, am Gipfel ist man allein.

grünen Schwarzwaldhöhen. Eine kurze Pause für Körper und Seele, und dann weiter auf dem Weg zum Seebuck.

Das Licht wird immer schöner, je tiefer die Sonne steht. Wie lang die Schatten hier oben werden! Man fühlt sich bei dieser Hochstimmung wie am Meer. Und der Feldbergturm steht wie ein Leuchtturm vor dem blauen Himmel. Ein Foto fürs Familienalbum, und weiter geht die Wanderung über den Grüblesattel. Der Gipfel ruft!

Der Weg ist leicht zu finden, hier oben ist alles gut ausgeschildert. Am Zastler Loch ist die Sicht atemberaubend. In der Eiszeit schoben sich hier Gletscher ins Tal und bildeten diesen tiefen Kessel. Die Farben werden immer intensiver, der Himmel auch. Farne, Gräser, Blumen - alles schimmert im Gegenlicht. Und dann zum Gipfelplateau. Abends ist oft sonst niemand hier oben. Was für ein Luxus! Die Sonne macht sich langsam bereit für ihren letzten großen Auftritt. Der Himmel explodiert. Lila. Rosa. Blau. Pures Gipfelglück!

Zum Nachtquartier ist es von hier nicht mehr weit: 30 Minuten steigt man auf dem Naturlehrpfad ab Richtung Baldenweger Buck und zur Baldenweger Hütte. Direkt daneben liegt das gemütliche Naturfreundehaus. Es bietet alles, was man für eine Nacht in den Bergen braucht. Das Essen ist bio, die Bettwäsche auch.

FAZIT: DIESE TOUR IST WAS FÜR INDIVIDUALISTEN – MIT ETWAS GLÜCK STEHT MAN SELBST IN DER HOCHSAISON AM ENDE DES TAGES FAST ALLEINE AUF DEM GIPFEL.

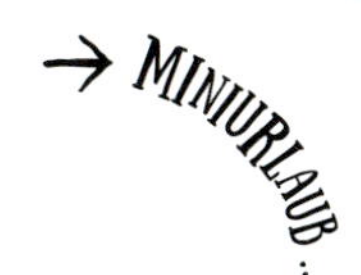

DIE PERFEKTE WELLE

… chilliges Sommerwochenende am Tunisee

#44

Sommer in der Stadt – und kein Urlaub in Sicht? Ab an den Tunisee! Morgens auf dem Wakeboard übers Wasser cruisen, mittags am Ufer grillen und abends auf dem Campingplatz übernachten. Urlaubsfeeling direkt vor der Haustür!

#SommerSonneSonnenschein #Wassersport #Wake&Grill

Ein Brett, ein Seil – und schon kann das Sommerabenteuer am Tunisee losgehen.

Das Wasser des Tunisees glitzert in der Morgensonne. Der Helm sitzt, die Schwimmweste auch. Das Adrenalin steigt. Jetzt die nackten Füße in die Laschen stellen, auf das Startbrett am Steg setzen, das Griff samt Seil des Wasserskilifts greifen, und los geht's!

Ein Ruck – und PLATSCH! Kopfüber rein ins Wasser. Zum Glück ist das im Sommer meist um 25 Grad warm. Die Bilanz: Erster Start, erster Bauchplatscher. So geht das eine Weile weiter ... Gar nicht so einfach, dieses Wakeboarden! Vor allem, wenn man Anfänger ist.

Wakeboarden ist eine Kombi aus Snowboard, Wasserski und Surfen. Der Wasserskilift am Tunisee sorgt dafür, dass man auf dem Brett übers Wasser saust. Dafür muss man aber erst einmal den Start schaffen. Und das geht nur mit der richtigen Körperspannung und -haltung! Wer an der Leine zieht, hat schon verloren. Ebenso, wer sich zurücklehnt oder zu weit nach vorne beugt.

Hin & weg: Am besten mit dem Rad zum Campingplatz Tunisee; wer mit dem Auto kommt, findet kostenlose Parkplätze (Seepark 28).

Beste Zeit: März–Oktober.

Dauer: So lange die Arme mitmachen; Anfängerkurs 2 Std.

Ausrüstung: Geduld und Badesachen, den Rest gibt's vor Ort (Infos und Reservierung auf www.wakepark-tunisee.de)

Wenn es Nacht wird: Ab ins Zelt auf dem Campingplatz Tunisee, oder noch besser in eines der gemütlichen Blockhäuser mit Betten oder in ein Mobilheim, das auch noch WC und Dusche hat (www.tunisee.de)

Am Tunisee ist das alles kein Problem. Die Trainerinnen und Trainer des Wakepark-Teams sind am Steg mit dabei, geben gerne Tipps, korrigieren Fehler und motivieren für die nächste Runde. Anfänger buchen am besten einen Kurs, samt Ausrüstung und Hilfestellung. Das ist besser, als eine Punktekarte zu kaufen. Denn die Runde ist vorbei, sobald man ins Wasser plumpst.

Mit etwas Geduld und der richtigen Technik werden die Bauchplatscher weniger und der Start klappt endlich. Wow! Fühlt sich ziemlich gut an, wenn man die ersten Meter auf dem Brett über das Wasser cruist. Profis fahren übrigens nicht einfach nur, sie springen auch. Deshalb schwimmen im Tunisee acht weiße Hindernisse (*Obstacles*) und Sprungschanzen (*Kicker*) – und viele Anfänger mit ihrem Board. Denn nicht nur der Start, auch die Kurven haben es in sich. PLATSCH!

Wer genug hat vom Waken, macht das klassische Chill-Programm: schwimmen, sonnen, grillen. Am Tunisee darf man seine Würstchen direkt am Wasser brutzeln. Grillzeug vergessen? Kein Problem: Einfach was aus dem Fleischautomaten des Campingplatzes ziehen.

Der Campingplatz direkt am Seeufer macht das Urlaubsfeeling perfekt: Wenn die Sonne unter- und der Tag zu Ende geht, schlüpft man

FAZIT: ACTION, SPORT UND EINE ORDENTLICHE ABKÜHLUNG – DER TUNISEE IST EINFACH UNSCHLAGBAR FÜR EIN CHILLIGES SOMMERWOCHENENDE!

26 Grad und es wird noch heißer ...

einfach ins Zelt oder in eines der gemütlichen Blockhäuser. Am nächsten Morgen geht's dann wieder aufs Board – zumindest wenn die Oberarme nochmal mitspielen ...

EINFACH MAL RHYLAXEN

... beim Rheinschwimmen in Basel

Der lila Wickelfisch ist bereit, die Route klar: Heute lassen wir uns treiben, und zwar den Rhein hinab. Mit Speed unter Brücken hindurch und an der Basler Altstadt vorbei. Rheinschwimmen ist einfach cool! Und der Sommer in Basel ein Geheimtipp!

#Z'Basel #Wickelfisch #Rhyschwimme

Plantschen vor dem Roche-Turm, und dann mit dem Wickelfisch rheinabwärts.

Am Ufer vor dem Tinguely-Museum geht das Rheinschwimmen los. Auf den Stufen machen sich alle bereit für das nasse Abenteuer: Frauen, Männer, Jugendliche, Senioren, Paare, Familien, Gruppen, Locals, Touristen … Rhyschwimme, wie die Basler sagen, ist Kult!

Das Wichtigste: Raus aus den Klamotten, rein in den Wickelfisch. Richtig gewickelt bleibt im Fischbauch alles trocken. Außerdem kann man sich an ihm festhalten – und entspannt den Rhein hinabtreiben. Schwimmen will hier sowieso niemand. Warum auch? Die Strömung ist so stark, dass man sich einfach treiben lassen kann. Rhylax heißt das Motto!

Der Zeh testet vor: Uiii, ziemlich kühl. Täuscht aber: Im Hochsommer, wenn die 20-Grad-Marke geknackt ist, können sich auch Warmduscher trauen. An heißen Sommertagen

schwimmt ganz Basel im Rhein. Wo sonst kann man der Stadthitze besser entkommen? Also rein in den Rhein und mit dem Strom auf der rechten Flussseite hinab. Bojen markieren die empfohlene Schwimmzone. Der lila Wickelfisch schwimmt tapfer oben. Der Rhein riecht nach Sommer, Fisch und Meer. Ziemlich schnell zieht das Ufer vorbei. Dort wird gegrillt, gegessen, gesonnt, Gitarre gespielt. Wie cool ist das denn hier!

Jetzt wird es spannend. Rechts liegt ein großes Rheinschiff vor Anker, und dahinter kommt die erste Brücke. Und dazu auch noch die eine oder andere Rheinfähre! Lieber mal den Einheimischen hinterherschwimmen, die kennen die Hindernisse.

Rheinschwimmen ist nur was für erfahrene Schwimmer, Bademeister gibt's nicht. Deshalb schwimmt man am besten mindestens zu zweit. Je kühler das Wasser, desto anstrengender wird's. Zudem kann die Kälte an den

---

Hin & weg: Mit der Bahn zum Badischen Bahnhof, zu Fuß den Hinweisschildern entlang in 10 Min. zum Museum Tinguely (Paul Sacher-Anlage 2), direkt am Rheinufer.

Beste Zeit: Juli und August, dann knackt der Rhein die 20-Grad-Marke. Bei Hochwasser ist das Schwimmen verboten!

Dauer & Strecke: Je nach Strömung 30 Min. für die 3 km; Start am Museum Tinguely, spätester Ausstieg Dreirosenbrücke.

Ausrüstung: Badeanzug oder Shorts, Wasserschuhe – und natürlich Wickelfisch (gibt's an den Touristinfos oder in einem Rhein-Kiosk).

Wenn es Nacht wird: Das Boutique-Stadthotel Krafft Basel mit 60 Zimmern liegt direkt am Kleinbasler Rheinufer – mit Blick auf die Schwimmstrecke (www.krafftbasel.ch).

Rein in den Rhein – und dann treiben lassen. Aus der Fischperspektive ist Basel besonders schön.

Kräften zehren. Vor allem der Ausstieg ist nicht ganz so einfach. Frühzeitig die Stelle anpeilen, dann schafft man es mit dem wenigsten Kraftaufwand.

Wer ganz sicher schwimmen will: dienstags im Juli und August organisiert das Sportamt Basel ein begleitetes Rheinschwimmen. Und wer nicht gerne mit der Strömung schwimmt, geht ins »Rhybadhysli Santihans«, wie die Locals ihr Badehäuschen am Rhein nennen. Dort gibt's zwei Becken im Rhein und ein tolles Sonnendeck!

Nach dem Schwimmen verbringt man den Sommerabend am Kleinbasler Rheinufer zwischen Mittlerer Brücke und Dreiländereck. Buvetten, kleine Verpflegungsstände, bieten Snacks und Getränke. Jedes Jahr findet auch das Imfluss-Festival statt.

Auf einem Floß neben der Mittleren Brücke finden dann abends Konzerte statt. Vom Rheinufer hat man den besten Blick – auf die Künstler und die Rheinschwimmer.

Und am nächsten Tag? Mit einer der vier Rheinfähren fahren. Von der Pfalz, der Terrasse des Münsters, den Blick auf den Rhein und Kleinbasel genießen. Das Museum Tinguely von innen erleben. Nochmal in den Rhein rein. Ein Schoggiweggli essen. Und Basel genießen!

FAZIT: ABKÜHLUNG, ABENTEUER UND DIE ALTSTADT AUS DER FISCHPERSPEKTIVE. WIE DIE BASLER SCHWÄRMEN: »WAS FÜR EIN SCHWUMM!«

RAD-WANDERN MIT DEM LASTENVELO

… rund um den Kaiserstuhl

#46

Was für eine Kiste! Isomatte, Zelt und Schlafsack – alles passt rein ins Mietlastenrad. Jetzt kann das Radabenteuer losgehen. Das Ziel: der Kaiserstuhl. Und zwar einmal rundherum. Ein Wochenende, zwölf Weinorte, 60 Radkilometer. Mit Rückenwind in den Kurzurlaub!

#IloveLastenvelo #rausaufsLand #Radwandern

Yeah, es klappt! Der Code stimmt, die beiden Zahlenschlösser sind offen. Das Lastenvelo ist startklar für die große Tour. Also los, auf den Dreisamradweg Richtung Umkirch, immer flussabwärts.

Anfangs ist die Fahrt eine ziemlich wackelige Angelegenheit. Erst mal muss man sich an die Länge und das Gewicht gewöhnen. Hat man sich erst mal eingegroovt, macht das Fahren mit der grünen Kiste aber unglaublich viel Spaß.

So ein Lastenrad ist ziemlich cool. Vor allem, wenn man es sich so einfach ausleihen kann. Registrieren, Rad und Standort aussuchen, buchen – und zwar alles online. Der Verein Lasten-Velo hat das Ausleihsystem für die Freiburger auf den Weg gebracht. In der Radflotte gibt es verschiedene Lastenräder, auch welche mit E-Motor. Bis zu drei Tage am Stück kann man das Bike mieten. Das Radwochenende kann also kommen!

Hin & weg: Die Lastenvelo-Mietstationen liegen in verschiedenen Stadtteilen, zum Beispiel an der Moltke-/Sedanstraße, in der Nähe des Hauptbahnhofs. Hin geht's mit der Straßenbahn – und dann einmal rund um den Kaiserstuhl.

Beste Zeit: Mai–Oktober (im Hochsommer gibt's wenig Schatten).

Dauer & Strecke: 6–7 Std. reine Fahrzeit, 60 km.

Ausrüstung: Lastenrad, das gibt's kostenfrei und unkompliziert bei www.lastenvelofreiburg.de (Spende erwünscht). Alternativ: Packtaschen oder Anhänger.

Wenn es Nacht wird: Zelt aufschlagen! Schöne Campingplätze: in Riegel am Badesee (www.muellersee.de) oder in Ihringen neben dem Freibad (www.kaiserstuhlcamping.de)

Klappe auf, Gepäck rein! Und dann geht's Richtung Kaiserstuhl.

Nach elf Kilometern: Gottenheim! Der Kaiserstuhl, dieses herrliche Vulkangebirge, liegt jetzt direkt vor einem. Die Rundtour kann losgehen – egal ob im oder gegen den Uhrzeigersinn, es gibt sowieso kaum Steigungen. Am besten fährt man einfach los, immer dem »K« auf den Schildern nach.

Die Orte und die Natur fliegen nur so an einem vorbei. Eichstetten mit dem Samengarten. Endingen mit dem Städtle. Königsschaffhausen mit dem besten Eis aus der Eismanufaktur. Burkheim mit dem unglaublich blauen Baggersee. Breisach am Rhein mit dem Münster. Wer unterwegs irgendwo im Grünen ein Picknick machen will: Rad parken, Kiste auf, Sachen raus. Fertig!

So einfach ist abends übrigens auch das Rad-Lager aufgebaut. Zwei gute Campingplätze liegen direkt am Weg: Oben im Norden lockt Riegel mit einem Campingplatz am idyllischen Badesee, unten im Süden Ihringen mit einem Freibad und gemütlichen Straußwirtschaften.

So ein Tag auf dem Lastenesel macht nicht nur glücklich, sondern auch ziemlich müde. Zelt aufstellen, Schlafsack ausrollen und ab in die Kiste, ähhh, ins Zelt! Und wer sich nicht zwischen Nord und Süd entscheiden kann, der übernachtet am besten gleich zwei Mal ...

FAZIT: I LOVE LASTENVELO! DIESE RADWANDERUNG IST DER PERFEKTE KURZTRIP. ZELT UND PROVIANT FAHREN EINFACH MIT. WENN EINES FREI IST: MIT E-LASTENRAD TRITT SICH'S NOCH LEICHTER.

EINE NACHT AUF STELZEN

... im Baumhaushotel in den Vogesen
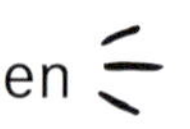

#47

Wer hat sich als Kind nicht ein eigenes Baumhaus gewünscht? Hoch oben, zwischen den Blättern. Ein Zufluchtsort, um alleine zu sein. Mit einem Buch, einer Kuscheldecke und einem Korb voll Essen. In den Vogesen gehen Kindheitsträume in Erfüllung!

#Rückzugsort #Traumbaumhaus #Waldwellness

→ MINIURLAUB …

Traumbaumhaus zum Verlieben!

Wer ankommt, verliebt sich sofort. Wie sie da stehen, versteckt hinter Ästen, grünen Blättern, auf Holzstelzen, hoch oben, irgendwo zwischen Himmel und Erde. Doch wie kommt man eigentlich hinauf in die Traumbaumhäuser? Über Treppen, Leitern und Hängebrücken! Wie aufregend!

Auf der Aussichtsplattform steht man mitten im Wald. Es riecht nach Holz und feuchtem Waldboden. Liegestühle stehen bereit. Erst mal zurücklehnen, ausruhen. Zeit spielt keine Rolle mehr. Dem Wind in den Blättern zuhören – und den Vogelstimmen …

So ein Baumhaus ist ein magischer Ort. Der Blick auf die Welt verändert sich, der Stress verschwindet. Woran liegt's? An den Bäumen? Der Ruhe? Der Natur? Auf jeden Fall fühlt man sich in den Holzhäusern sofort geborgen – und lebt ganz entspannt über den Dingen in den Tag hinein.

Kurzurlaub zwischen den Wipfeln: Das Gepäck schwebt ganz einfach nach oben.

Die Baumhäuser im Nids des Vosges haben alles, was man so braucht in luftiger Höhe: ein Bett, eine Küche, ein Sofa, eine Dusche, Strom, fließendes Wasser, manche sogar eine Sauna – mit Blick in den Wald. Auf dem Nachttisch liegt ein Fernglas bereit, und die Sternenkarte für die Nacht. WLAN gibt es nicht, braucht auch niemand. Das Smartphone verschwindet ganz unten im Rucksack. Ausschalten, um abzuschalten!

Hochhaus im Wald: Auf dem Balkon zwischen den Bäumen entspannt man am allerbesten.

Im Kurzurlaub zwischen den Wipfeln gibt's auch offline viel zu erleben. Einfach entdecken und genießen. Erst das Baumhaus, dann den Wald drumherum. Pilze sammeln oder Blaubeeren. Am nächsten Tag lockt die Umgebung. Ins Künstlerdorf Liézey wandern. Auf dem Lac du Géradmer Kanu fahren. Die Vogesen entdecken ...

Mancher bleibt am liebsten vor dem Baumhaus auf der Terrasse sitzen – und wartet. Auf den Wind. Das Vogelkonzert. Die Dämmerung. Und wenn es unten im Wald so richtig dunkel ist, dann kommt das Allerallerschönste: Der Blick in den hellen, funkelnden Sternenhimmel!

FAZIT: ACHTUNG, SUCHTGEFAHR! WER EINMAL DEN WEG IN DEN BAUMHAUS-WALD GEFUNDEN HAT, KOMMT WIEDER. HIER FÜHLT SICH JEDER SOFORT ZU HAUSE.

Hin & weg: Mit dem Auto über Colmar und den Col de la Schlucht (1139 m) runter nach Gérardmer und ins Vogesendorf Champdray. Dort immer den Schildern nach zum Baumhaushotel Nids des Vosges.

Beste Zeit: Grüne Wiesen, buntes Laub, weißer Schnee: Die Baumhäuser sind zu jeder Jahreszeit ein Erlebnis.

Dauer: Am besten für immer ...

Ausrüstung: Ein gutes Buch – und viel Zeit!

Wenn es Nacht wird: Schnell hinauf über Leitern und Treppen in eines der neun Baumhäuser, die gut versteckt in einem Waldstück liegen. Eines davon ist barrierefrei, manche eignen sich für Familien mit Kindern (www.nidsdesvosges.fr). Das Frühstück liegt morgens im Korb. Raufziehen, bon appétit!

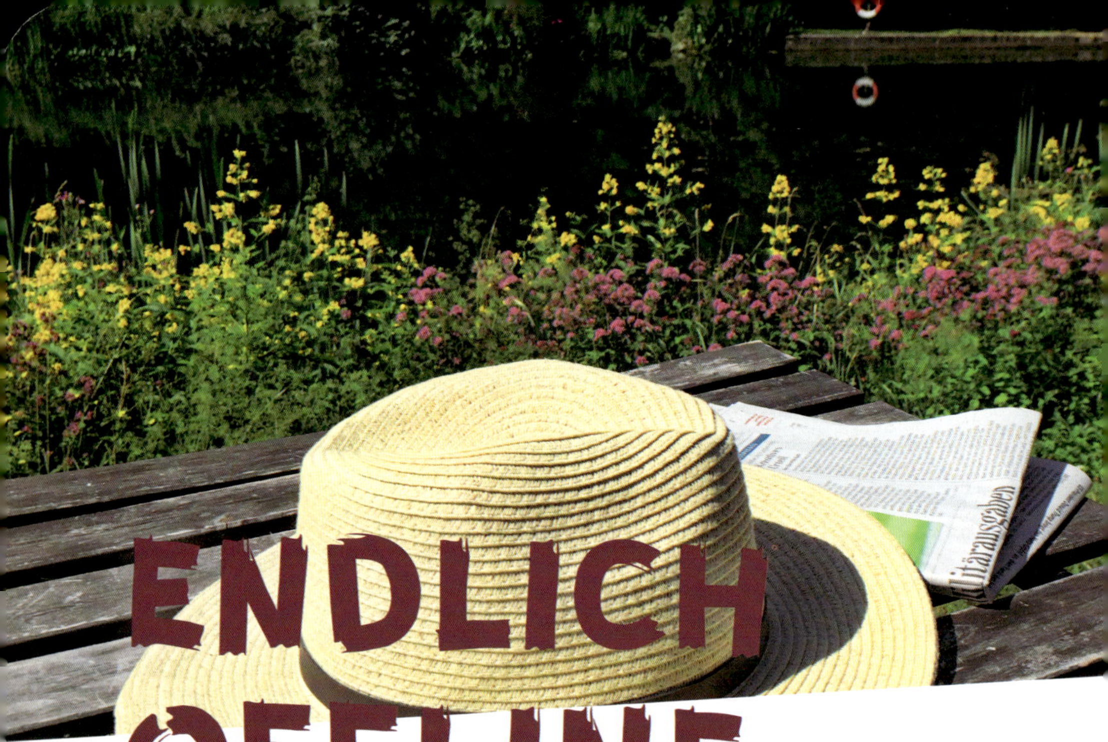

ENDLICH OFFLINE

… handyfreies Wochenende in Sulzburg

#48

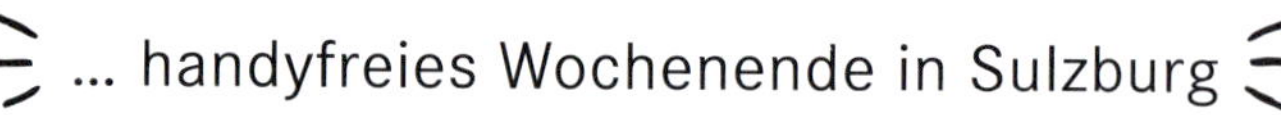

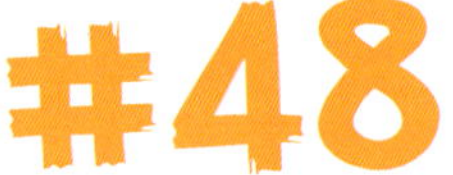

Zu viele Termine? Stress im Job? Das ruft nach einer Auszeit! Ein Hotel im Wald bei Sulzburg ist genau der richtige Ort dafür. Hier kann man herrlich abschalten – den Kopf und das Smartphone. Und in dem Städtchen im Markgräflerland finden sich noch mehr Orte der Stille.

#Auszeit #Stadtflucht #Glücksmomente

Ganz viel Ruhe und Entspannung gibt's im Naturbad Sulzburg.

Tatsächlich! Ein Blick auf das Smartphone bestätigt es. Kein Netz. Offline. Jetzt kann die Auszeit wirklich beginnen. In einer Sackgasse, mitten im Wald. Hier, rund drei Kilometer vom Sulzburger Ortskern entfernt, liegt das Waldhotel Bad Sulzburg.

Das große Haus hat eine lange Geschichte. Schnell fühlt man sich hier wohl. Lange ausschlafen, in Ruhe frühstücken, in der Sauna schwitzen, ein paar Runden im Innenpool ziehen: Hier ist das alles möglich. Das Smartphone vermisst man nicht. Endlich ist Zeit, sich zu entspannen. Und Sulzburg zu entdecken. Wer im Sommer kommt, spaziert in einer guten halben Stunde durch den Wald bis zur Naturbadestelle. Hier scheint die Zeit stehen zu bleiben. Keine Rutsche, kein Sprungbrett – nur Ruhe. Früher war das Bad ein Staubecken, Bergarbeiter befreiten hier über Jahrhunderte Erze von Schlamm- und Gesteinsresten. Seit den 1930er-Jahren wird hier geschwommen. Badepersonal gibt es heute nicht mehr, dafür Duschen und Umkleiden, einen Tischkicker

Altes Gemäuer: Die Kirche St. Cyriak beeindruckt mit schlichter Eleganz.

und einen Retro-Kiosk mit Eis und Kaffee, Getränken und Snacks. Was braucht man mehr! Schnell raus aus den Klamotten und rein ins große Naturbecken. Türkisfarbene Libellen schwirren über einem. Schmetterlinge tanzen in der Luft. Wolken am Himmel. So was hat man beim Rückenschwimmen selten erlebt. Langsam gleitet man durchs chlorfreie Wasser des Sulzbachs. Das ist Sommerglück!

Direkt gegenüber liegt ein berührender Ort. Auf alten Steintreppen steigt man den Wald hinauf, rechts und links stehen moosbewachsene Grabsteine. Namen blitzen hervor – und hebräische Schriftzeichen. Der jüdische Friedhof erinnert an die Geschichte des Ortes.

Rund 400 Jahre lang lebten in Sulzburg jüdische Einwohner. Tür an Tür, Haus an Haus im kleinen Städtchen. Dann kam die Zeit des Nationalsozialismus. Am 21. Oktober 1940 wurden 27 Menschen abtransportiert, nach Gurs, einem Konzentrationslager in Südfrank-

Zeitzeugen aus Stein: Auf dem jüdischen Friedhof ziehen die Gedanken in die Vergangenheit.

reich. Traurig endete die jüdische Geschichte Sulzburgs. Die Grabsteine sind neben der ehemaligen Synagoge mitten im Ort ihre letzten Zeugnisse.

Ein paar Straßen weiter liegt noch ein Ort der Stille: St. Cyriak, eine der ältesten Kirchen Deutschlands. Die romanische Kirche beeindruckt jeden. Wie sie dasteht, mit den dicken Mauern, dem hohen Turm, schlicht und mächtig. Die Gedanken kommen von alleine zur Ruhe. Wer sich einen ganz besonderen Glücksmoment gönnen will, greift im Gasthaus Hirschen nach den Sternen. Hier kocht Douce Steiner mit voller Leidenschaft. Das schmeckt nicht nur Gourmetkritikern (www.douce-steiner.de). Und das Handy, das kann auch hier offline bleiben. WLAN gibt's im Hirschen nämlich nicht!

FAZIT: KURZE ANFAHRT, VIEL NATUR – BESSER GEHT NICHT! IN SULZBURG SAMMELT MAN EIN WOCHENENDE LANG STILLE GLÜCKSMOMENTE.

Hin & weg: Mit dem Auto nach Sulzburg, dann den Schildern nach bis zum Waldhotel Bad Sulzburg. Ab dann am besten zu Fuß.

Beste Zeit: Sommer – dann kann man im Naturbad schwimmen.

Dauer: Nach Lust und Laune.

Ausrüstung: Schwimmsachen.

Wenn es Nacht wird: Mitten im Wald liegt das sympathische Waldhotel (www.waldhotel4you.de), mit modernen Doppelzimmern, Wellnessbereich und ohne Handynetz. Perfekt zum Abschalten!

RITTERLICHE RADTOUR

... entlang der Kinzig zum Schloss Ortenberg

Mittelalterliche Fachwerkorte, alte Klostermauern und ein badisches Märchenschloss: Diese Radtour entlang der Kinzig ist eine Reise in die Vergangenheit. Hin geht's mit der Bahn, ab Alpirsbach rollt das Rad immer flussabwärts.

#Flusstour #Märchenschloss #KinzigRadeln

→ MINIURLAUB …

Badisches Märchenschloss: die Jugendherberge in Ortenberg.

Bahnhof Alpirsbach. Wer hier samt Rad aus dem Zug steigt, ahnt nicht, dass nur ein paar Straßen weiter das Mittelalter beginnt. Mitten im Ort steht sie, die Klosteranlage aus rotem Sandstein. Beim Gang durch den Kreuzgang taucht man ein in die Geschichte der Benediktinermönche, die das Kloster im 11. Jahrhundert gründeten.

Über Schenkenzell geht die Fahrt entlang der Kinzig flott voran und hinein nach Schiltach, ins »Städtle«. Rund um den historischen Marktplatz und in den romantischen Gässchen steht ein Fachwerkhaus neben dem anderen. Das schönste: der neu renovierte Gasthof Adler mit dem roten Fachwerk und dem Erker.

Das Rad rollt weiter auf dem Kinzigtalradweg. Die Kinzig sprudelt über Schwellen und Steine. Kaum zu glauben, dass dort mehr als 600 Jahre lang Flößer unterwegs waren. Ihre Arbeit war hart, ihre Ladung wertvoll: Sie verschifften

Holz aus dem Schwarzwald bis zum Rhein. Im Flößermuseum Wolfach, direkt am Radweg, wird ihre Geschichte lebendig. Hinter Wolfach fließt die Kinzig ruhig durchs grüne Tal. Hausach. Fischerbach. Dann Haslach, die mittelalterliche Marktstadt. Kaffeepause, dann entspannt weiter, vorbei an Obstwiesen und Sonnenblumen. Immer flussabwärts, die Berge des Kinzigtals im Blick. Herrlich, so eine Flussabfahrt. Steinach. Biberach. Gengenbach, die mittelalterliche Stadt der Türme und Tore. Von Weitem sieht man schon

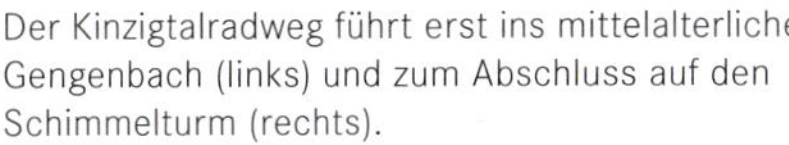

Der Kinzigtalradweg führt erst ins mittelalterliche Gengenbach (links) und zum Abschluss auf den Schimmelturm (rechts).

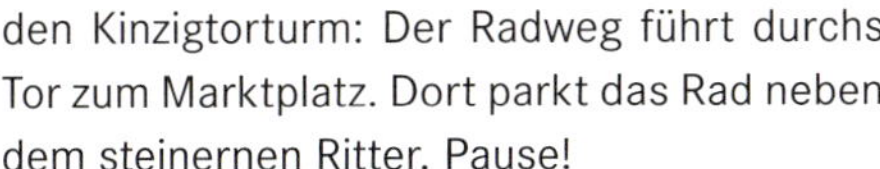

den Kinzigtorturm: Der Radweg führt durchs Tor zum Marktplatz. Dort parkt das Rad neben dem steinernen Ritter. Pause!

Gengenbach ist ein einziges großes Freilichtmuseum. Ein Spaziergang entlang der historischen Stadtmauer muss sein, am Wochenende kann man auf einen der Museumstürme steigen (www.stadt-gengenbach.de). Besonders märchenhaft ist Gengenbach im Winter. Dann verwandelt sich das Rathaus in einen riesigen Adventskalender.

Hinter Gengenbach schlängelt sich der Radweg entlang grüner Felder und durch die Weinberge. Das Ziel thront auf dem Berg: Schloss Ortenberg, das badische Märchenschloss. 1678 zerstört, im 19. Jahrhundert wieder aufgebaut – zum Glück! Dort oben schläft man herrlich, und die Preise sind bezahlbar. Im Schloss ist nämlich kein Luxushotel eingezogen, sondern eine Jugendherberge.

Doch wer hoch oben wie einst die Ritter übernachten will, muss steil bergauf bis zum Burgtor. Am nächsten Morgen nach dem Frühstück im Schlosssaal geht es noch höher hinauf: auf den Schimmelturm. Vor einem liegt das Schloss, dahinter die grünen Weinberge, und der Blick geht zurück ins Kinzigtal. Auf der anderen Seite liegt Offenburg. Nur fünf Kilometer sind es bis dort – dann rollt das Rad entspannt nach Hause. Mit dem Zug!

FAZIT: EINE FAHRT DURCH DAS ROMANTISCHE KINZIGTAL IST EIN ERLEBNIS. UND DIE NACHT IM SCHLOSS ERST! IM HISTORISCHEN SCHLOSSSAAL SPEIST MAN WIE DIE RITTER …

Hin & weg: Mit der Ortenau-S-Bahn von Freiburg über Offenburg nach Alpirsbach; wer weniger weit radeln will, steigt einfach schon früher aus.

Beste Zeit: Besonders schön im Frühsommer und Herbst.

Dauer & Strecke: 4,5 Std., 60 km.

Ausrüstung: Fahrrad und Helm.

Wenn es Nacht wird: Übernachten wie die Ritter kann man auf Schloss Ortenberg (Burgweg 21) in der preiswerten Jugendherberge mit 146 Betten und Traumblick (Informationen und Reservierung: www.jugendherberge.de)

ZU FUẞ DURCHS LAND

Wiiwegle – was niedlich klingt, hat es ganz schön in sich. Der Wanderweg führt in fünf Etappen durch das Markgräflerland. 90 Kilometer durch Weinberge und Winzerorte, von Freiburg bis an die Schweizer Grenze. Ein ganzes Wochenende Weitwandern.

#Weitwandern #Weinberge #Wanderauszeit

Bammerthüsli, Batzenbergblick und Staufener Burg: Auf dem Wiwegle entdeckt man das Markgräflerland.

50 Kilometer wandern? An zwei Tagen? Klingt verrückt. Doch das Wiiwegle macht es einem leicht. Es führt durch viele Winzerorte – mit vielen Bushaltestellen. Wer genug hat, steigt ein und fährt zurück.

So weit die Füße tragen, ist also das Motto für die kleine Wanderauszeit. Die beginnt direkt vor der Haustür, in Freiburg-St. Georgen, in der Schneeburggasse. Ab dort wird einem die gelbe Traube auf roter Raute zwei Tage lang ein treuer Begleiter sein. Das erste Etappenziel: Staufen im Breisgau, 22,5 Kilometer. Das zweite: Müllheim.

Erst mal warmlaufen, hoch zur Hütte an der Sängerroh, dann zwischen Reben und Bäumen weiter Richtung Leutersberg. Der grüne Batzenberg ist schon zu sehen – dorthin wird einen das Wiiwegle führen. Erst mal geht's aber an Weinstöcken vorbei hinab nach Ebringen.

So ein Wanderleben ist herrlich einfach. Schritt für Schritt dem Ziel entgegen, nur das Allernötigste im Rucksack: Waschbeutel und Wechselwäsche, Vesper und Trinkflasche. Schwere Wanderschuhe braucht niemand, leichte Trekkingschuhe sind viel besser für die Wald- und Feldwege.

Auf dem Wiiwegle kann man wunderbar abschalten. Die Wanderung ist leicht, von ein paar Steigungen mal abgesehen. Am Rand des Dürrenbergs geht man entlang der Reben Richtung Pfaffenweiler. Doch der Batzenberg ruft: Zwischen endlosen Rebketten spaziert man hinauf. Rechts und links wächst der Gutedel. Beim Weindenkmal wird gevespert – mit unglaublichem Panoramablick!

Die Hälfte der ersten Etappe ist geschafft. Erstaunlich leicht geht es hinab nach Kirchhofen, hinauf Richtung Ölbergkapelle, runter nach Ehrenstetten. Mittagessen im Gasthaus Löwen an der Hauptstraße – zumindest wenn gerade Wochenende ist –, dann gut gestärkt weiter zum Waldrand. Das nächste Wegkreuz bietet eine willkommene Abkürzung nach Staufen: 3,5 Kilometer sind es auf dem Bettlerpfad, fünf Kilometer auf dem Wiiwegle. So langsam merkt man, dass schon knapp 20 Kilometer in den Knochen stecken ...

Die Burg von Staufen motiviert aus der Ferne. Mit jedem Schritt kommt man ihr näher. Was für ein fulminantes Ende: das kopfsteingepflasterte Faust-Städtchen, dahinter die Burg. Hinauf? Erst mal essen, ausruhen. Vielleicht morgen ...

Der Morgen kommt, und mit ihm neue Energie. Der Kaffee schmeckt besonders gut in der Rösterei neben der Martinskirche, danach ab in Richtung Grunern, hoch in die Reben. Für einen Abstecher zum Weingut Probst ist es leider noch zu früh. Also erst mal kein »Trio« aus Wurstsalat, Brägele und Bibbileskäs, sondern weiter.

Das eigene Tempo ist heute schnell gefunden, der Wanderrhythmus stimmt. Und die Vorfreude wächst. Auf den Castellberg. Auf Sulzburg. Und auf Muggardt, wo sich Fuchs und Hase »Gute Nacht« sagen. Bis zum Bammerthüsli führt das Wiiwegle heute auf jeden Fall, vielleicht auch noch weiter ...

FAZIT: WAS MACHE ICH HIER? DAS FRAGT SICH JEDER BEI EINER LANGSTRECKENWANDERUNG. DOCH DIE GLÜCKSGEFÜHLE ÜBERWIEGEN. UND WER DIE TOUR GESCHAFFT HAT, KEHRT STOLZ ZURÜCK.

Hin & weg: Mit dem Bus nach St. Georgen, an der Haltestelle Schneeburgstraße startet das Wiiwegle. Zurück geht's mit Bus und Zug.

Beste Zeit: Herbst; dann sind die Weinberge bunt und der »Neue Süße« steht schon bereit.

Dauer & Strecke: Tag I 7 Std., 22,5 km von Freiburg bis Staufen, Tag II 4 Std., 19,5 km von Staufen bis Müllheim. Der Weg ist in beide Richtungen gut ausgeschildert und kann verkürzt/verlängert werden.

Ausrüstung: Bequeme Schuhe, Rucksack und Wanderkarte. Zur Sicherheit Blasenpflaster.

Wenn es Nacht wird: Staufen bietet viele Übernachtungsmöglichkeiten. Mitten im Städtle, unterhalb der Burg und den Weinbergen, liegt zum Beispiel das nette Weinloft (www.weinloft-staufen.de)

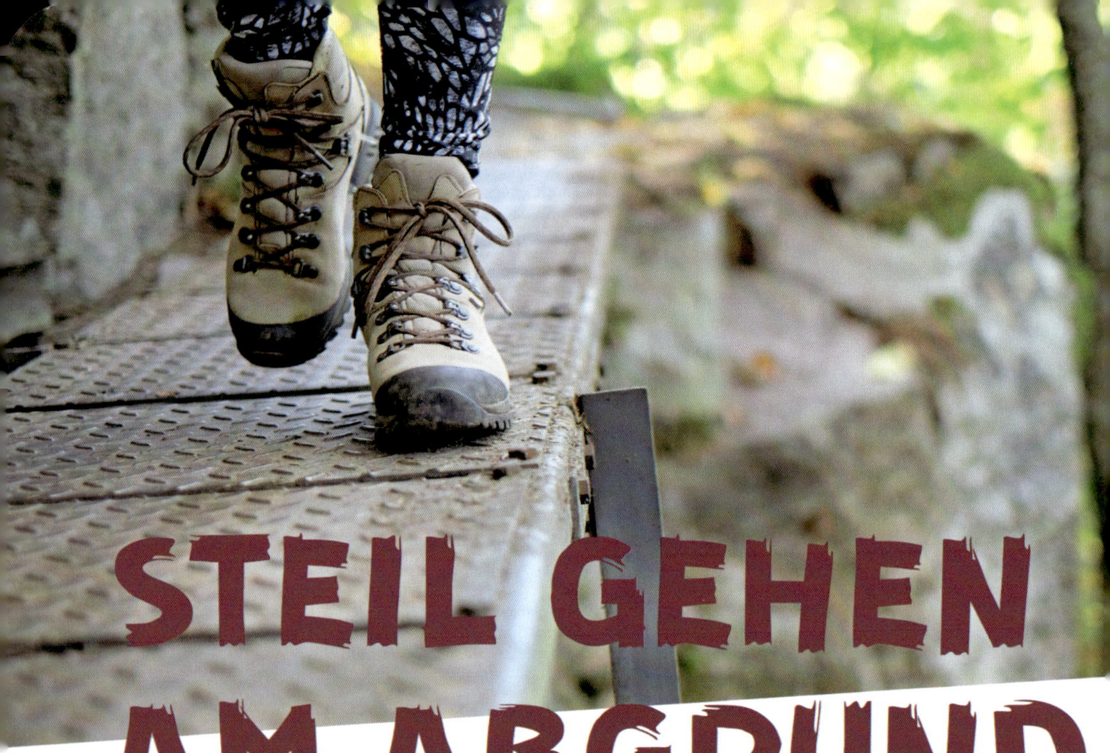

STEIL GEHEN AM ABGRUND

... auf dem Felsenpfad in den Vogesen

#51

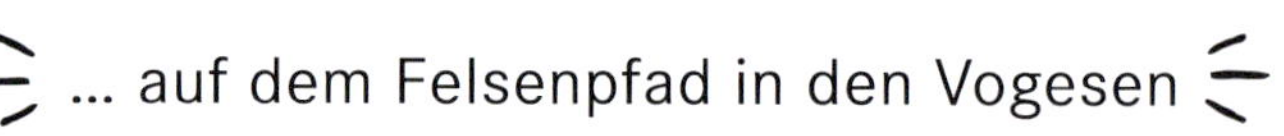

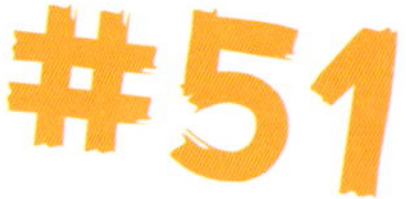

Schon nach den ersten Metern ist klar: Der Sentier des Roches, der Felsenpfad, trägt seinen Namen zu Recht. Der spektakuläre Steig unterhalb des Vogesenkamms bietet Aussicht, Natur und Nervenkitzel.

#Traumtour #Steinwüste #SentierdesRoches

Über Brücken und Felsen: Was für ein Abenteuer!

Rechts der kalte Granitfelsen, links der steile Abhang. Mittendrin wir. Auf dem schmalen Weg. Umgeben von Granit und Geröll. Jetzt muss jeder Schritt sitzen. Das Wanderherz pocht vor Aufregung und Freude. So etwas gibt's sonst nur in den Alpen ...

Ab und zu blicken die Augen in die Tiefe. Über Felsen und Geröll, Büsche und Baumstämme, hinab ins herrliche Vallée de Munster, auf die Rheinebene und hinüber bis zu den Schwarzwaldbergen. Ganz hinten am Horizont blitzen sogar die schneebedeckten Alpen auf. Was für eine Aussicht! Verlaufen kann sich hier niemand. Der Felsenweg oder Strohmeyerpfad, wie er auch genannt wird, ist sehr gut mit der blauen Raute beschildert. Außerdem geht's hier oben ja sowieso nur geradeaus. Von Stein zu Stein, von Fels zu Fels. Über Eisentreppen und durch Felsentore. Rund drei Kilometer lang.

Keine Angst: Auch wenn manche den Sentier des Roches als Klettersteig bezeichnen, Kletterausrüstung braucht niemand. Mit Wanderschuhen und Konzentration ist der Felsenweg gut zu gehen. Schwierige Passagen sind mit Drahtseilen oder Eisentreppen versehen, so dass sich hier jeder sicher fühlen kann. Eines ist aber wichtig: Unbedingt den Wetterbericht

Steiler Abgrund: Unten liegt das Münstertal, am Horizont der Schwarzwald.

checken! Bei Regen werden die Steine schnell gefährlich rutschig, und der Weg verläuft immer an der Steilflanke, teilweise geht es 200 bis 300 Meter in die Tiefe. Zudem gibt's bei Unwetter keine Möglichkeit, abzukürzen. Übrigens: Für einen Spaziergang oder eine Wanderung mit kleinen Kindern ist der Felsenweg nicht geeignet.

Der abenteuerliche Weg lockt viele. Er verläuft zwischen dem Col de la Schlucht und dem Hohneck-Gipfel, unterhalb des Vogesenkamms, wo zwischen 1871 und 1918 die deutsch-französische Grenze verlief. In Ferienzeiten und am Wochenende kann es auf dem Felsenweg schon mal ordentlich voll werden. Also lieber an einem gewöhnlichen Wochentag losgehen. Dann gibt's statt Stau viel Ruhe und frische Bergluft. Am Krappenfels ist es geschafft: Der Sentier des Roches ist bezwungen!

Nach drei Stunden Kraxelei reicht es auch so langsam mit den Felsen. Jetzt gibt's zwei Möglichkeiten: Wer noch Ausdauer hat, der geht hinab Richtung der Ferme-Auberge Frankenthal und nach einer kurzen Stärkung wieder hinauf. Über den Col du Schaeferthal steigt man über einen steilen Zick-Zack-Pfad hinauf zum Hohneck (1363 Meter). Die Mühe lohnt sich. Denn der Rundblick vom dritthöchsten Gipfel der Vogesen ist grandios. Danach führt der Weg an der steilen Martinswand vorbei, wo sich die Könner im Klettern messen, weiter zur Auberge des Trois Fours und zurück zum Parkplatz.

Wer gleich gemütlich essen will, nimmt am Krappenfels den kürzeren Waldweg rechts hinauf zum sonnigen Plateau Trois Fours. Der Berggasthof Auberge des Trois Fours liegt herrlich zwischen Viehweiden und Märchen-

---

Hin & weg: Mit dem Auto von Colmar übers Münstertal (Vallée de Munster) rauf zum Col de la Schlucht; die Rundwanderung startet in der Nähe des Parkplatzes (Einstieg rechts; der Straße Richtung Münster und dann der blauen Raute folgen).

Beste Zeit: Sommer/Herbst; trockenes Wetter, sonst können die Steine gefährlich rutschig werden.

Dauer & Strecke: 6–8 Std., 9,5 km Rundweg (mit Variationsmöglichkeiten).

Ausrüstung: Wanderschuhe für eine gute Trittsicherheit!

Wenn es Nacht wird: Am besten schläft man zwischen Bergen und Kuhglocken. Die Ferme-Auberge Trois Fours bietet Doppelzimmer und eigene Produkte wie Münsterkäse (www.auberge-des-trois-fours.com), direkt daneben schläft man einfach und günstig: in der CAF-Wanderhütte Les Trois Fours (www.chaletrefuge3fours.ffcam.fr).

Gemütliche Pause: Am Krappenfels kann man die Zeit vergessen (links). Auf dem Weg warten viele Überraschungen.

wald, mit Blick auf den Hohneck, die Rheinebene und den Schwarzwald.

Warum nicht einfach bleiben? Zimmer gibt's, ein leckeres Abendessen auch, und der Sonnenuntergang in den Vogesen ist wunderschön. Wer Lust hat, wandert am nächsten Tag von hier aus auf den Hohneck. Oder geht gemütlich zurück zum Col de la Schlucht, steigt ins Auto und genießt die Panoramafahrt über die Vogesen-Kammstraße Route des Crêtes.

FAZIT: ALPINER CHARAKTER UND SPEKTAKULÄRE AUSSICHTEN – DER FELSENWEG IN DEN VOGESEN IST ATEMBERAUBEND. WER BEIM WANDERN GERNE ABENTEUER ERLEBT, IST AUF DIESER RUNDTOUR GENAU RICHTIG.

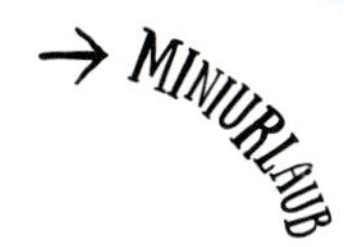

100 PROZENT BERG-WINTER

#52

Im Winter versinkt der Schwarzwald im Weiß. Tannen, Häuser, Wege – alles voll mit Schnee. Der Notschrei mit seinem Wintersportangebot liegt nur 20 Autominuten von Freiburg entfernt. Ein Wochenende dort ist ein kleiner Ausflug ins Winterwunderland.

#Schneespaß #SpurenimSchnee #Wintersportparadies

Schneeschuhe an, und ab durch den knirschenden Schnee. Wer es noch einfacher mag, geht Winterwandern (rechts).

Das Nordiccenter an der Notschreipasshöhe ist so etwas wie das Herz der Wintersportwelt: gut angebunden, schnell erreichbar und dank Schneekanonen fast den ganzen Winter über schneesicher. Das Beste: Man muss eigentlich nichts mitbringen. Denn Schlitten, Schneeschuhe oder Langlaufski kann man vor Ort mieten – einfacher geht es nicht.

Wer gerne entspannt Spuren im Schnee hinterlässt, der stapft in dicken Winterstiefeln entlang der Winterwanderwege rund um den Notschrei. Lust auf etwas mehr Abenteuer?

Dann einfach Schneeschuhe unterschnallen und wie auf Wolken durch den Tiefschnee waten! Abseits der beliebten Pfade, aber immer mit einem achtsamen Blick auf Tiere und Pflanzen, geht es durch die traumhafte Winterlandschaft. Eiskristalle funkeln im Sonnenlicht. Die frische Luft macht den Kopf frei. Herrlich!

Ruhig geht es auch in den Langlaufloipen zu. Der stille Wintersport ist was für Genießer. Langsam gleitet man auf den Spuren dahin. Das Loipennetz ist groß, ob man nun zwei oder 20 Kilometer bewältigen will, hier gibt's für jeden Konditionsstand etwas. Anfänger können vor Ort auch einen Kurs buchen, dann klappt der Start noch leichter.

Lust auf Action? Dann auf in die Nordicarena, das große Biathlonstadion am Notschrei. Dort kann sich jeder zum Biathlon-Schnupperkurs anmelden. Vorkenntnisse? Nicht notwendig! Ein paar Übungen in der Loipe, schon kann man sich auf den dünnen Langlaufski fortbewegen. Und wer denkt, Schießen ist nur was für echte Männer, der täuscht sich gewaltig. Perfekte Fettverbrennung beim Langlauf, Nervenkitzel im Schießstand – und ganz viel Spaß. Das muss man unbedingt ausprobieren!

Wer mit Kindern unterwegs ist, für den ist der Rodelhang perfekt. Dort muss man die Kids nämlich nicht mühsam wieder nach oben ziehen, nein, die fahren einfach mit dem Förderband bergauf. Kann auch für Erwachsene hilfreich sein.

Zwei Schlepplifte gibt's übrigens am Notschrei auch. Auf Skifahrer und Snowboarder warten direkt am Notschrei leichte und mittlere Abfahrten: perfekt für einen kurzen Skitag oder Skispaß mit der ganzen Familie.

Genug gesportelt oder kalte Füße bekommen? Dann ganz schnell ab in die warme Sauna. Wie gut, dass das Waldhotel am Notschreipass direkt an der Piste liegt. Dort gibt's gemütliche Zimmer, leckeres Essen, ein Schwimmbad, Dampfbad und verschiedene Saunen. Im Wellnessbereich wird einem ganz schnell wieder warm ums Herz ...

Hin & weg: Mit dem Bus zur Notschreipasshöhe.

Beste Zeit: Wenn Schnee liegt; Schneekanonen helfen unter Umständen etwas nach.

Dauer: Am besten ein Wochenende lang.

Ausrüstung: Zwiebellook und wasserdichte Winterschuhe.

Wenn es Nacht wird: Übernachten direkt zwischen Loipen und Pisten kann man im Waldhotel am Notschreipass. Das bietet moderne Zimmer und einen herrlichen Wellnessbereich (www.schwarzwald-waldhotel.de)

FAZIT: SCHLITTEN, ABFAHRT, SNOWBOARD, SCHNEESCHUHWANDERN, LANGLAUF, SOGAR BIATHLON – AM NOTSCHREI GIBT'S DIE VOLLE AUSWAHL. UND AUSRÜSTUNG!

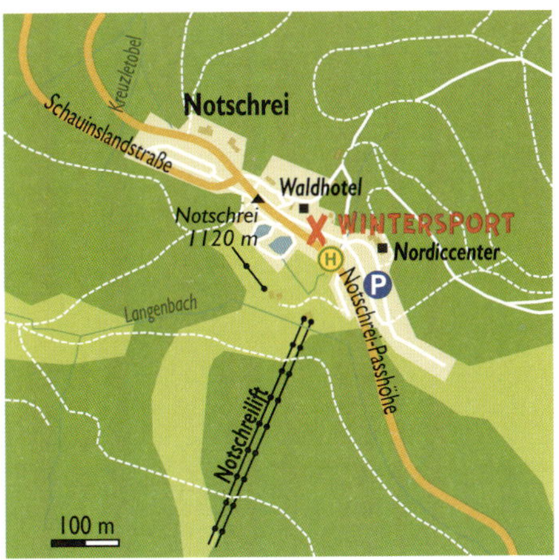

SONST NOCH WICHTIG

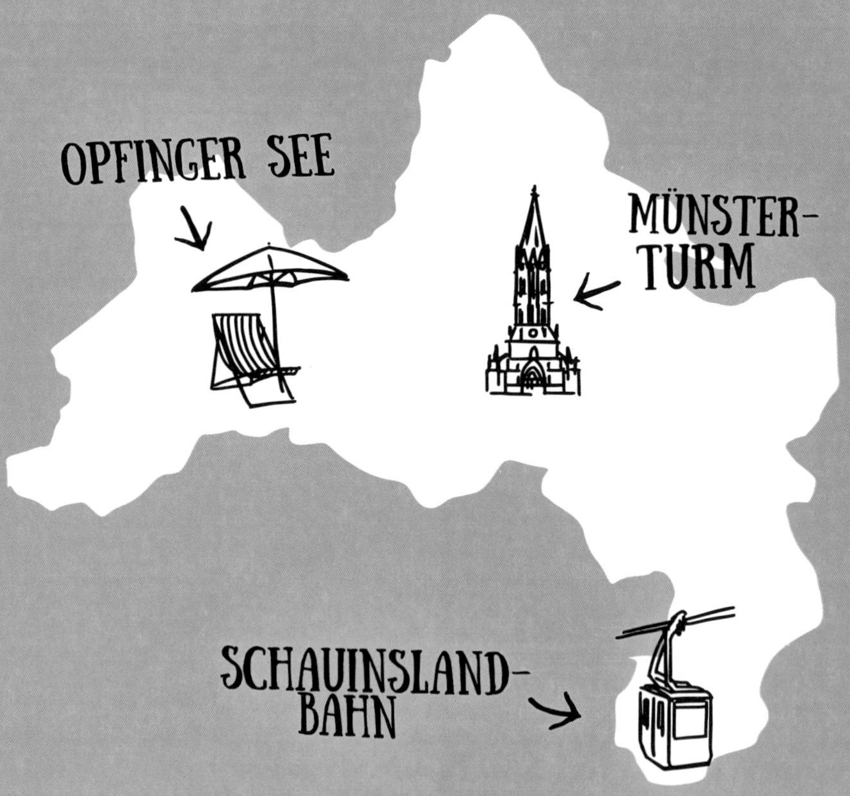

Ein- und Überblick

Karten für den schnellen Überblick, praktische Tipps, mehr über die Autorin sowie ein Ortsregister zum schnellen Nachschlagen gibt es auf den folgenden Seiten.

GPX-Download	Seite 224
Übersichtskarten	Seite 225
Impressum	Seite 228
Gut zu wissen	Seite 229
Register	Seite 230
Über die Autorin	Seite 231
5 besondere Empfehlungen	Seite 232

GPX-Download aufs Smartphone – so geht's

Voraussetzung:
Eine Outdoor-App muss installiert sein, z. B. KOMPASS, Outdooractive oder komoot. Zum Einlesen des QR-Codes benötigen Android-Geräte eine QR-Code-App. Bei IOS-Geräten ist diese Funktion in der Kamera integriert.

Daten downloaden:

1. Den QR-Code einlesen oder die Webadresse im Browser eingeben, um auf die Eskapaden-Website zu gelangen.
2. Die gewünschte Tour zum Download anklicken.
3. Bei IOS-Geräten werden die GPX-Daten direkt mit der vorab installierten App verknüpft. Bei Android-Geräten muss ggf. noch ein Weiterleiten-Button geklickt werden (z. B. oben rechts im Display). Manche Apps zeigen den Tourverlauf starr an, andere haben eine Navigationsfunktion dabei.

Tourenverlauf

GPX-Daten zum kostenlosen Download www.dumontreise.de/eskapaden/freiburg

short.travel/kcrnh

Auf den folgenden Seiten: Die Eskapaden in drei Übersichtskarten in und um Freiburg. Die Ziffern stehen für die Eskapaden-Nummern.

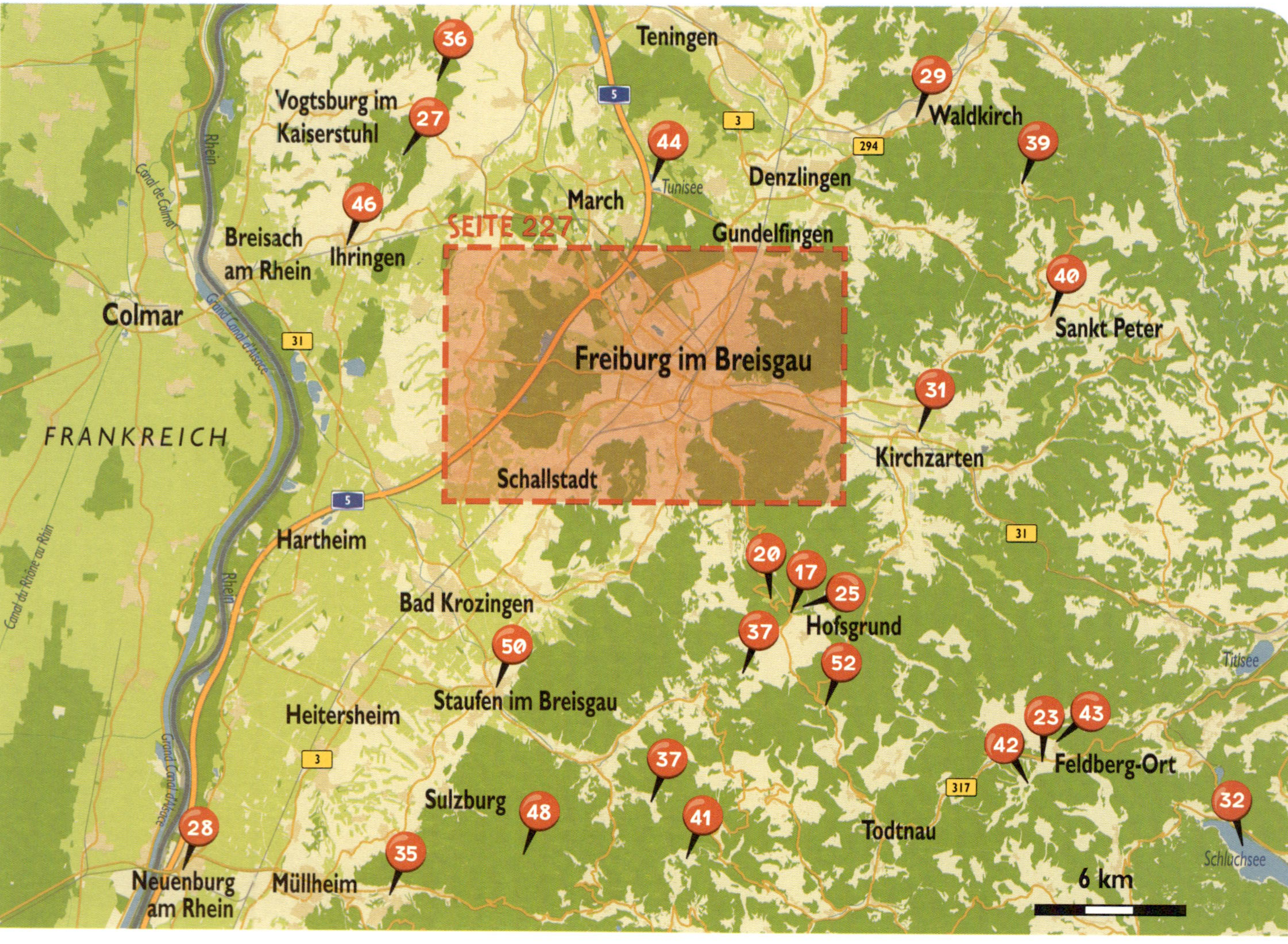
Teningen
Waldkirch
Vogtsburg im Kaiserstuhl
Denzlingen
Tunisee
March
Gundelfingen
SEITE 227
Breisach am Rhein
Ihringen
Colmar
Sankt Peter
Freiburg im Breisgau
FRANKREICH
Kirchzarten
Schallstadt
Hartheim
Bad Krozingen
Hofsgrund
Titisee
Staufen im Breisgau
Heitersheim
Feldberg-Ort
Sulzburg
Todtnau
Neuenburg am Rhein
Müllheim
Schluchsee
Rhein
Canal de Colmar
Grand Canal d'Alsace
Canal du Rhône au Rhin
6 km
36
27
46
44
29
39
40
31
20
17
25
37
52
50
23
43
42
37
41
48
35
28
32
5
3
294
31
317

Freiburg im Breisgau
Stadtwald
Umkirch
Waltershofen
Umkircher Straße
Kloterstraße
St. Nikolaus
Mooswald
Opfinger See
Opfingen
Freiburger Straße
Opfinger Straße
Mundenhof
Landwasser
Lehen
Mooswald
Elsässer Straße
Granadaallee
Markwaldstraße
Lembergallee
Hermann-Mitsch-Straße
Tullastraße
Zähringen
Brühl
Herdern
Flückigersee
Betzenhausen
Berliner Allee
Sundgauallee
Stefan-Meier-Straße
Dreisam
Padualle
Moos-weiher
Rieselfeld
Weingarten
Besançonallee
Haslach
Kartäuserstr.
Oberau
Waldsee
Talstraße
Schwarzwald-straße
Ebnet
Kappler Tunnel
Wiehre
Basler Straße
Guildfordallee
Matsuyamaallee
Sankt Georgen
Vauban
Littenweiler
Schauinsland-straße
Günterstal
Arlesheimer See
Tiengen
Freiburger Landstraße
Tiengener Straße
Mooswald
Basler Straße
Munzingen
Wolfenweiler
Schallstadt
Schneckentalstraße
Ebringen
Mengen
Mengener Straße
Talhausen
Scherzingen
Dorfstraße
Au
Wittnau
1.2 km

NOCH MEHR ESKAPADEN …

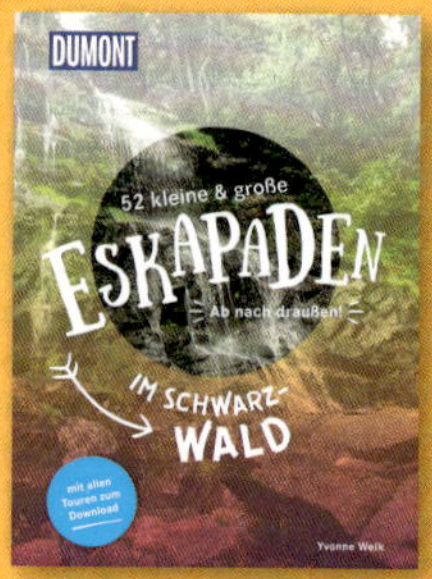

ISBN 978-3-7701-8078-3

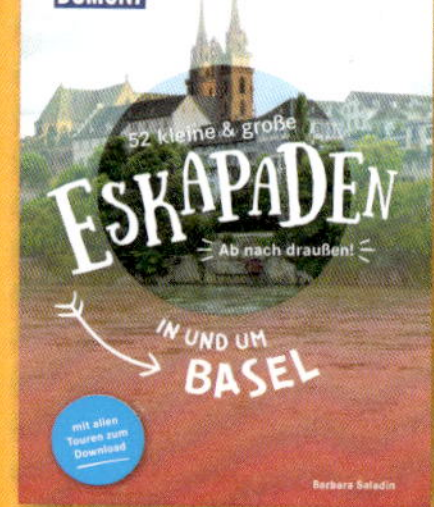

ISBN 978-3-616-11004-2

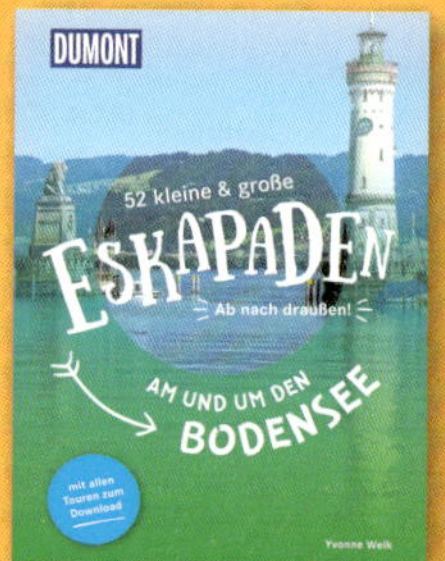

ISBN 978-3-616-11012-7

 … erhalten Sie im gut sortierten Buchhandel und unter www.dumontreise.de 

IMPRESSUM

Reihenkonzept Monique Sorban

Projektmanagement Svenja Heinle, Monique Sorban

Cover-/Buchgestaltung & Illustrationen Carolin Weidemann, Köln, www.weidemann-design.com

Lektorat & Produktion Verlagsbüro Wais & Partner (Melanie Kattanek, Beate König, Julia Rietsch, Kai Wieland), Stuttgart, www.wais-und-partner.de

Text & Fotos Yvonne Weik, Stuttgart, www.frolleinweik.de; mit folgenden Ausnahmen: Philip Kottlorz (S. 5); ©christiane65/stock.adobe.com (S. 90, 93); Georg Bruder (S. 176–179, Drohnenfotos S. 18, 136, 196, 210)

Kartografie Madlen Keilhauer, Oliver Rau; © MAIRDUMONT, Ostfildern, unter Verwendung von Kartendaten von © OpenStreetMap-Mitwirkende, Lizenz CC-BY-SA 2.0

Printed in Poland

3. Auflage 2021

ISBN 978-3-7701-8090-5

www.dumontreise.de

Weiterlesen

Ausflüge, Wanderungen, Freizeittipps: Die Badische Zeitung veröffentlicht wöchentlich im BZ-Ticket die wichtigsten Veranstaltungen aus Freiburg und der Region. All das gibt's auch rund um die Uhr online auf www.bz-ticket.de

Geschmackssachen

Badische Spezialitäten und Wein vom Erzeuger gibt's auf der Straußen-Tour am Tuniberg (#3). Wer gerne gut unter Bäumen isst: Auf in den Schönberghof (#2) oder das Waldrestaurant Zähringer Burg (#16). Legendäres Eis hat der Kaiserstuhl: Die Eismanufaktur Königsschaffhausen ist jeden Umweg wert (#46).

GUT ZU WISSEN …

Ohne Auto

In Freiburg geht's zu den Eskapaden am besten mit dem Rad oder der Straßenbahn (www.vag-freiburg.de). Rund um Freiburg klappt die Anreise oft umweltfreundlich mit Bus und Bahn (www.bahn.de). Manche Touren gehen am einfachsten mit dem Auto. Das kann man sich beim Car-Sharing mieten. Tipp für Freiburg: Auf www.freimobil.com findet man die beste Kombi aus Bahn, Bus, Rad, Carsharing und Taxi für Ziele im Stadtgebiet.

Sicherheit & Notfälle

Wer Hilfe braucht, wählt die internationale Notrufnummer 112. Dort werden zentral Rettungskräfte alarmiert, bei Bedarf auch die Bergwacht.

Vor Ort im Netz

Ab nach draußen, am besten jeden Tag! Wer noch mehr Inspiration will, klickt einfach mal hier rein: www.takkiwrites.com gibt Tipps zum Schwarzwald, www.stadtbesten.de für Freiburg und die Region.

ESKAPADEN-REGISTER ...

Alle Orte mit Seitenverweisen

Attilafelsen 24
Alter Friedhof 19
Alpirsbach 206

Bad Bellingen 122, 141
Badenweiler 149
Bahlingen 158
Basel 190
Batzenberg 212
Belchen 172
Bettlerpfad 128
Breisach am Rhein 197
Burkheim 197

Castellberg 213
Champdray 201
Col de la Schlucht 216
Col du Schaeferthal 216

Dreisam 26, 133
Dürrenberg 213

Ehrenstetten 213
Eichhalde 51
Eichstetten 197
Elztal 145, 164
Endingen 160, 197

Feldberg 100, 109, 176, 183
Felsenweg 215
Freiburg 11, 19, 26, 31, 35, 128, 195, 211
Freiburger Münster 11
Freiburger Stadtwald 35, 56, 79

Ganter-Hausbiergarten 55
Gengenbach 209
Gottenheim 197
Grafenmatt-Höchst 176
Griestal 24
Grillplatz Silbertobel 56
Günterstal 46, 82, 104

Herdern 51
Hohneck 216
Holzschläger Matte 87

Ihringen 117, 197
Istein 141

Kaiserstuhl 117, 157, 160, 195
Kandelfelsen 164
Kinzigtal 206
Kirchzarten 134
Kloster St. Lioba 46
Königsschaffhausen 197
Kybfelsen 82

Landwasser 43
Leutersberg 212
Liliental 117
Lorettobad 31

Markgräflerland 121, 202, 211
Merzhausen 129
Milchmattenhof 153
Moosweiher 45
Muggardt 213
Müllheim 212
Münstertal 152
Munzingen 24

Naturschutzgebiet Taubergießen 112
Neuburg 19
Neuenburg am Rhein 122
Notschrei 219

Oberbergen 159
Opfingen 23, 39
Opfinger See 62

Park der Sinne 149

Rehberger-Weg 97
Rhein 121, 141, 190
Riegel 133
Riehen 96

Schauinsland 74, 87
Schelingen 158
Schenkenzell 207
Schiltach 207
Schloss Ortenberg 206
Schluchsee 137
Schönberg 15
Schwarzwald 100, 219
Siebenfelsen 145
Sohlacker 56
Staufen im Breisgau 128, 212
St. Georgen 212
St. Märgen 169
St. Peter 169
Sulzburg 202, 213

Tibet-Kailash-Haus 59
Todtnau 102, 176
Todtnauberg 102
Tuniberg 22
Tunisee 187

Vallée de Munster 215
Vogesen 198, 214

Waldhaus 104
Waldkirch 125
Waldsee 66, 91
Wasserfallsteig 100
Wasserschlössle 66
Weil am Rhein 96
Wiehre 32
Wiiwegle 211

Yach 145

Zähringer Burg 71

YVONNE WEIK

... über die Autorin

Auch wenn Yvonne leidenschaftlich gerne mit ihrer Familie mitten im Stuttgarter Westen lebt, zieht es sie immer wieder hinaus. Raus aus der Stadt und rein ins Abenteuer. Denn das wartet zum Glück nicht nur am anderen Ende der Welt ...

Ob nach Feierabend oder am Wochenende: Die vom Fernweh geplagte Journalistin entdeckt am liebsten fremde Orte. Und spürt dabei nur zu gerne die Sonne im Gesicht und den Wind in den Haaren. Geboren in Freiburg, hat das Schwarzwaldmädel nun ihre wunderschöne Heimatstadt neu kennengelernt. Davon und von der weiten Welt erzählt sie auf www.frolleinweik.de

Landpartie für Genießer

Eskapade #3: Die Freiburger Tuniberg-Orte bieten viel Natur und leckeres Essen. Das Beste: Hin geht's mit dem Stadtbus. Und dann heißt das Motto: »Straußen-Sammeln«!

Ab ins Kanu

Eskapade #26: Wer durch das Naturschutzgebiet Taubergießen paddelt, fühlt sich wie im Amazonas. Libellen, Eisvögel, Nutria - und ganz viel Ruhe. Diese Eskapade ist eigentlich viel zu schön, um sie zu verraten...

5 BESONDERE EMPFEHLUNGEN ...

Gipfelglück

Eskapade #43: Wer in Freiburg lebt, macht um den Feldberg meist einen großen Bogen. Doch es gibt den höchsten Schwarzwaldberg auch ohne Menschenmassen. Einfach nachmittags losgehen - und den Sonnenuntergang am Gipfel in Ruhe genießen.

Sich treiben lassen

Eskapade #45: Heißer Tipp für Sommertage: Statt mit den Füßen ins Bächle einfach mal so richtig im Rhein abkühlen! Wer sich in Basel samt Wickelfisch den Rhein hinabtreiben lässt, wird immer wieder kommen.

Über Fels und Stein

Eskapade #51: Wie oft sieht man von Freiburg aus die Vogesen am Horizont blitzen? Noch besser: rüberfahren! Im Elsass am Sentiers de Roches, dem Felsenweg, wartet ein echtes Wanderabenteuer – und der Blick rüber in die Heimat.